CATÁLOGO / CATALOGUE
2017-2018

"Llevando los tesoros de la Tierra a la humanidad"
"Bringing the Earth's treasures to humanity"

"Mira profundamente en la naturaleza, y entonces entenderás todo mejor"
—Albert Einstein

"Look deep into nature, and then you will understand everything better"
—Albert Einstein

CRISTALERÍA & JOYERÍA "CANDIL" DISEÑO, CREATIVIDAD E INNOVACIÓN

CRISTALERÍA & JOYERÍA
CANDIL
DISEÑO, CREATIVIDAD E INNOVACIÓN

Alejandro C. Aguirre Publishing/Editorial, Corp.
1 (917) 870-0233
www.alejandrocaguirre.com

CATÁLOGO / CATALOGUE 2017-2018

ABRAHAM SERMEÑO

Número de Control de la Biblioteca del Congreso de EE. UU.:

ISBN-13: 978-1975960346
ISBN-10: 1975960343

Copyright © 2017 por Abraham Sermeño. Alejandro C. Aguirre Publishing/Editorial, Corp. All rights reserved. No part of this catalogue may be reproduced in any form without written permission from the Publisher.

Printed in the USA

Todos los derechos reservados. Ninguna parte de este libro puede ser reproducida o transmitida de cualquier forma o por cualquier medio, electrónico o mecánico, incluyendo fotocopia, grabación, o por cualquier sistema de almacenamiento y recuperación, sin permiso escrito del propietario del copyright, y sin el previo consentimiento de la editorial, excepto cuando se utilice para elaborar reseñas de la obra, críticas literarias y/o ciertos usos comerciales dispuestos por la ley de Copyright.

Las opiniones expresadas en este trabajo son exclusivas del autor y no reflejan necesariamente las opiniones del editor.

Este libro fue impreso en los Estados Unidos de Norte América.

Fecha de revisión: 10/12/2017

Para realizar pedidos de este libro, contacte con:
Alejandro C. Aguirre Publishing/Editorial, Corp.

Dentro de EE. UU. al 917.870.0233
Desde México al 01.917.870.0233
desde otro país al +1.917.870.0233
Ventas: www.alejandrocaguirre.com

ÍNDICE

- ¿QUIÉNES SOMOS?
- ABOUT US?

- DE LAS MATERIAS PRIMAS A LAS MANOS DEL ARTESANO
- FROM THE RAW MATERIALS TO THE ARTISAN'S HANDS

- LA TRANSFORMACIÓN DE LA ENERGÍA
- THE TRANSFORMATION OF ENERGY

- TIPOS DE PIEDRAS SEMIPRECIOSAS, PROPIEDADES Y SIGNIFICADO
- TYPES OF SEMI-PRECIOUS STONES, PROPERTIES AND MEANING

- NUESTROS PRODUCTOS
- OUR PRODUCTS ………………………………………..12

- ACERCA DE ABRAHAM SERMEÑO
- ABOUT ABRAHAM SERMEÑO…………………….. 33

¿QUIÉNES SOMOS?

Somos una compañía que está dirigida por buenos principios y valores, que nos guían en nuestra misión de llevar los tesoros de la Tierra a la humanidad.

Artesanías Candil nace de las creaciones artesanales en diversos materiales orgánicos como piedras, metales, semillas, fibras naturales, todo esto con la elaboración en técnicas artesanales como el tejido la orfebrería y los tallados. Usted encontrará en nuestro Catálogo mensual la gran riqueza de diseños auténticos de nuestros artesanos, así como una gran calidad en los acabados.

ABOUT US?

We are a company that is guided by good principles and values that guide us in our mission to bring the treasures of the Earth to humanity.

Handicrafts Candil was born from the craft creations in various organic materials like stones, metals, seeds, natural fibers, all this with the elaboration in artisan techniques like the weaving goldsmiths and the carved ones. You will find in our Monthly Catalog the great wealth of authentic designs of our artisans, as well as great quality in the finishes.

DE LAS MATERIAS PRIMAS A LAS MANOS DEL ARTESANO

En los manuscritos antiguos se refleja la labor del artesano, me atrevería a decir que es el primer oficio del hombre, es fascinante ver cómo un pedazo de arcilla se transforma en un bello jarrón, cómo el algodón se transforma en hermosos telares, *el artesano transforma con sus manos desde una piedra hasta convertirla en una obra de arte.*
El ser artesano es una labor que dignifica al ser humano, que da armonía, convivencia y economía a su entorno.
Ahora nos complacemos de presentar ante usted una gama de trabajos artesanales en accesorios que puedes lucir y aprovechar también las propiedades místicas de los minerales que ofrece la Madre Tierra, transformados a través de metales tejidos y la inspiración del artista.

FROM THE RAW MATERIALS TO THE HANDS OF THE ARTISAN

In the ancient manuscripts the work of the craftsman is reflected, I dare say that it is the first office of the man, it is fascinating to see how a piece of clay is transformed into a beautiful vase, how the cotton is transformed into beautiful looms, the artisan transforms with his hands from a stone until it becomes a work of art.
Being a craftsman is a task that dignifies the human being, who gives harmony, coexistence and economy to his environment.
Now we are pleased to present to you a range of artisan works in accessories that you can look at and also take advantage of the mystical properties of minerals offered by Mother Earth, transformed through woven metals and the inspiration of the artist.

LA TRANSFORMACIÓN DE LA ENERGÍA

Desde las primeras edades de la Tierra, los minerales han sido parte vital en la formación de la pacha mama desde un grano de arena hasta el diamante más refinado. Los minerales son tan diversos y hermosos que el ser humano desde sus inicios primitivos los ha utilizado de diversas maneras y obteniendo muchos beneficios, desde un punto de vista espiritual hasta medicinal.

Las piedras han sido parte de la historia símbolo de dinastías, emblema de los pueblos originarios. Las piedras semipreciosas, los Cuarzos, el Jaspe en toda su variedad, solo son una pequeña muestra que la naturaleza ofrece en su gama, y es que es así donde empieza todo en la naturaleza desde que los vapores terrestres trasforman los minerales o un volcán expulsa de su interior tanta variedad de rocas.

Ahora les ofrecemos a usted parte del regalo natural y la labor de un artesano que transforma una piedra o teje un dije para poder utilizar un accesorio, con el fin de obtener los beneficios biológicos y espirituales de la piedra, así como sus usos terapéuticos donde se puede encontrar la purificación el equilibrio emocional y porque no la protección ante cualquier energía negativa.

Y como un valor agregado toda la variedad de piedras y trabajos aquí expuestos son elaboradas a mano uno a uno, dándole la energía del artesano a cada pieza, desde un tallado o tejido. El trabajo siempre será a mano sin intervención de la industria.

Esperamos que nuestros productos artesanales sean de su interés y agrado.

THE TRANSFORMATION OF ENERGY

Since the earliest ages of the Earth, minerals have been a vital part in the formation of pacha breast from a grain of sand to the most refined diamond. The minerals are so diverse and beautiful that the human being from its primitive beginnings has used them in diverse ways and obtaining many benefits, from a spiritual point of view until medicinal.

The stones have been part of the history symbol of dynasties, emblem of the native peoples. Semiprecious stones, Quartz, Jaspe in all its variety, are only a small sample that nature offers in its range, and is that is where everything begins in nature since the earth's vapors transform the minerals or a volcano expelled of its interior so much variety of rocks.

Now we offer you part of the natural gift and the work of a craftsman who transforms a stone or weaves a bead to use an accessory, in order to obtain the biological and spiritual benefits of the stone, as well as its therapeutic uses where Can find purification the emotional balance and why not protection against any negative energy.

CRISTALERÍA & JOYERÍA "CANDIL" DISEÑO, CREATIVIDAD E INNOVACIÓN

TIPOS DE PIEDRAS SEMIPRECIOSAS, PROPIEDADES Y SIGNIFICADO.
TYPES OF SEMI-PRECIOUS STONES, PROPERTIES AND MEANING.

01. OJO DE TIGRE

OJO DE TIGRE

El ojo de tigre es una variedad de cuarzo de color amarillo y pardo dorado en bandas, con reflejos tornasolados, apreciada como piedra semipreciosa. El ojo de tigre es una piedra que atrae el dinero, simboliza los bienes materiales. Hay que ponerla en el bolsillo o mejor llevarla dentro del monedero, evita las pérdidas económicas.

TIGER EYE

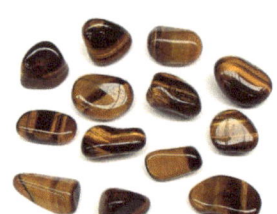

The eye of tiger is a variety of quartz of yellow color and gilded brown in strips, with reflexes iridescent, appreciated like semiprecious stone. The tiger eye is a stone that attracts money, symbolizes material goods. You have to put it in your pocket or better carry it inside the wallet, and avoid economic losses.

02. CUARZO AHUMADO

El cuarzo es el mineral más abundante de la corteza terrestre, localizándolo en rocas ígneas, metamórficas y sedimentarias. Para las personas soñadoras: Ayuda a poner los pies en la tierra y centrarnos en el plano físico. Colocando una pieza en la mesilla de noche o llevándolo encima como adorno ayudará a centrarse.

SMOKED QUARTZ

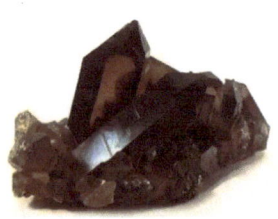

Quartz is the most abundant mineral in the earth's crust, localizing it in igneous, metamorphic and sedimentary rocks. For dreamy people: Help put your feet on the ground and focus on the physical plane. Placing a piece on the bedside table or carrying it over as an ornament will help to focus.

CUARZO AHUMADO

Abraham Sermeño

03. CUARZO CRISTAL

El cuarzo transparente, también conocido bajo su nombre de cristal de roca, es uno de los minerales más abundantes en todo el planeta y se compone de dióxido de silicio. El cuarzo cristal, tiene la propiedad de equilibrar la energía del cuerpo físico, psíquico y emocional. Es una piedra de protección también. Siempre va a amplificar la energía positiva y a rechazar o eliminar la energía negativa.

CRYSTAL QUARTZ

Transparent quartz, also known under its name as rock crystal, is one of the most abundant minerals on the planet and is composed of silicon dioxide. Crystal quartz has the property of balancing the energy of the physical, psychic and emotional body. It is a protective stone too. It will always amplify positive energy and reject or eliminate negative energy.

04. SODALITA Y AZUL

La sodalita te permite unir la lógica con la intuición y abre la percepción espiritual a la vez de estimular el tercer ojo y profundiza la meditación. Psicológicamente aporta equilibrio emocional, potencia la autoestima, la autoaceptación y la confianza en uno mismo. Colócala en el lugar más apropiado y llévala puesta largos periodos de tiempo. Muy útil encima de los ordenadores para bloquear sus emanaciones.

SODALITE AND BLUE

The sodalite allows you to unite the logic with the intuition and opens the spiritual perception at the same time to stimulate the third eye and deepens the meditation. Psychologically brings emotional balance, enhances self-esteem, self-acceptance and self-confidence. Put it in the most appropriate place and wear it for long periods of time. Very useful on top of computers to block their emanations.

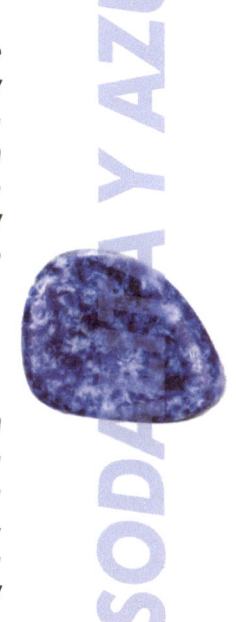

Abraham Sermeño

AVENTURINA

05. AVENTURINA

El cuarzo verde debe su color por la presencia de inclusiones, generalmente mica verde. La forma de presentarse en la naturaleza es totalmente masiva. A nivel curativo beneficia el sistema nervioso y estimula el metabolismo. Tiene efectos antiinflamatorios y, tomada como elixir ayuda a aliviar los problemas de la epidermis.

AVENTURIN

Green quartz owes its color to the presence of inclusions, usually green mica. The way of presenting oneself in nature is totally massive. At the healing level it benefits the nervous system and stimulates the metabolism. It has anti-inflammatory effects and, taken as elixir helps to relieve problems of the epidermis.

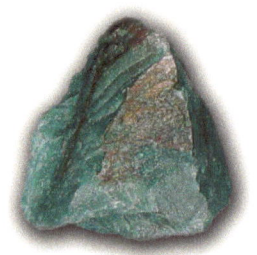

06. ONIX

La piedra de ónix a la que me refiero es de color negro profundo, aunque también podemos encontrar ónix blanco, veteado o beige, que tienen otras propiedades. Los yacimientos más importantes de ónix se encuentran en Brasil y Uruguay. Esta piedra se puede volver a recargar junto a un cristal de roca, pero también se puede cargar durante la noche si se deja en una maceta donde gana fuerza adicional.

ONIX

The onyx stone I am referring to is deep black, although we can also find onyx ge or beige, which have other properties. The most important onyx deposits are found in Brazil and Uruguay. This stone can be recharged next to a rock crystal, but can also be loaded overnight if left in a pot where additional strength is obtained.

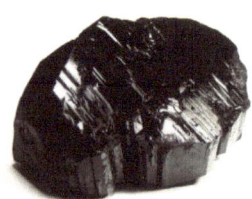

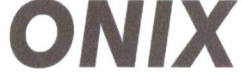

Abraham Sermeño

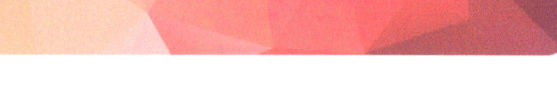

07. CRISOCOLA

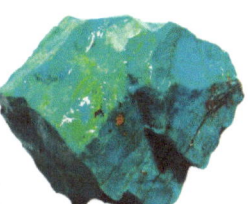

En la naturaleza lo encontramos en forma botroidal, siendo la crisocola un mineral secundario asociado a minerales secundarios de cobre. La crisocola es una piedra tranquila que te ofrece apoyo, te ayuda a meditar y a comunicarte. Dentro del hogar expulsa todo tipo de energías negativas.

CRISOCOLA

In nature we find it in botoidal form, being the chrysocolla a secondary mineral associated with secondary minerals of copper. The chrysocolla is a quiet stone that offers support, helps you to meditate and communicate. Inside the house expels all kinds of negative energies.

08. AMBAR

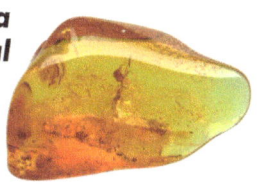

El ámbar es lo más parecido a tener en nuestras manos un trocito de Sol, es brillante y energético como el astro rey. Sus propiedades son muy regeneradoras, mejora las depresiones, aporta alegría y vitalidad, calma el estrés. Si pasamos por un momento de actividad física y mental extrema nos irradia fuerza y estabilidad. Potencia la salud y elimina el estrés, a la vez que entrega fuerza y estabilidad al cuerpo y la mente.

AMBER

Amber is the closest thing to having a piece of the Sun in our hands, it is bright and energetic as the star king. Its properties are very regenerative, it improves the depressions, it brings joy and vitality, it calms the stress. If we go through a time of extreme physical and mental activity, we have strength and stability. It strengthens health and eliminates stress, while providing strength and stability to the body and mind.

Abraham Sermeño

09. OBSIDIANA

OBSIDIANA

La obsidiana se produce en la última fase de la erupción volcánica.
Podemos encontrar variedades en el color de la obsidiana o efectos en su superficie. Por norma general es de color negro, pero también la encontramos con la superficie dorada, con irisaciones del arcoíris, con motas blancas o unas perlitas redondeadas llamadas lágrima de apache. Es una piedra muy protectora que forma un escudo en contra de la negatividad, absorbiendo las energías negativas del entorno.

OBSIDIAN

Obsidian occurs in the last phase of the volcanic eruption.
We can find varieties in the color of obsidian or effects on its surface. Usually it is black, but we also find it with the golden surface, with irisations of the rainbow, with white spots or round pearls called Apache Tear. It is a very protective stone that forms a shield against negativity, absorbing the negative energies of the environment.

10 .JADE

JADE

El jade es un símbolo de pureza y sabiduría y es muy apreciado en China y el oriente. Dicen que trae buena suerte y prosperidad, especialmente el jade verde. Por esta razón es bastante común en China encontrar gente que lleva un jade verde en el bolsillo. El jade está relacionado con el cuarto chakra, el chakra del corazón. Se puede utilizar para relajar la mente y para entrar en estados meditativos.

JADE

Jade is a symbol of purity and wisdom and is highly prized in China and the East. They say it brings good luck and prosperity, especially green jade. For this reason it is quite common in China to find people wearing a green jade in their pockets. Jade is related to the fourth chakra, the heart chakra. It can be used to relax the mind and enter into meditative states.

Abraham Sermeño

CUARZO ROSA

11. CUARZO ROSA

El cuarzo rosa es la piedra del amor y de paz infinita. Es la piedra más importante para el corazón y el cuarto chakra (chakra del corazón). Infunde la energía del verdadero amor por sí mismo y por los demás. El cuarzo rosa extrae suavemente la energía negativa y la reemplaza por vibraciones amorosas.

PINK QUARTZ

Pink quartz is the stone of love and infinite peace. It is the most important stone for the heart and the fourth chakra (heart chakra). Infuse the energy of true love for yourself and for others. The pink quartz gently extracts the negative energy and replaces it with loving vibrations.

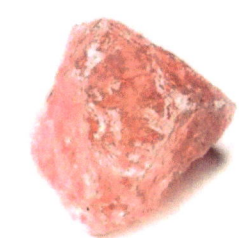

12. AMATISTA

La amatista es un cristal de la familia de los cuarzos. Las propiedades de la piedra amatista son extremadamente abundantes y pueden influir positivamente en muchos aspectos de nuestra vida. Se caracteriza por su color violeta, que puede ser más o menos intenso en función de la cantidad de hierro que contenga la piedra. La amatista tiene la característica de hacer resaltar la positividad de nuestra vida, tanto en la actitud propia como la de nuestro entorno.

AMETHYST

Amethyst is a crystal of the quartz family. The properties of amethyst stone are extremely abundant and can positively influence many aspects of our life. It is characterized by its violet color, which can be more or less intense depending on the amount of iron contained in the stone. The amethyst has the characteristic of emphasizing the positivity of our life, both in our own attitude and in our surroundings.

Abraham Sermeño

13. CITRINO

CITRINO

Citrino es una de las piedras preciosas más populares y asequibles. Nombrada de la palabra francesa para limón, "citron", la mayoría de citrinos son actualmente de un dorado que de un amarillo limón. Citrino se conoce hoy como la piedra mercantil y es asociada con éxito y prosperidad.

CITRINE

Citrine is one of the most popular and affordable gemstones. Named after the French word for lemon, "lemon", most citrus are actually a lemon yellow. Citrine is known today as the mercantile stone and is associated with success and prosperity.

14. PIRITA

PIRITA

La pirita es un mineral muy común, encontrado en multitud de formaciones geológicas desde depósitos sedimentarios a vetas hidrotermales. Emocionalmente es útil en casos de melancolía y desesperación y, físicamente incrementa la energía permitiendo superar la fatiga.

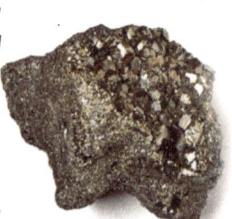

PIRITE

Pyrite is a very common mineral found in many geological formations from sedimentary deposits to hydrothermal veins. Emotionally it is useful in cases of melancholy and despair, physically increases the energy allowing to overcome the fatigue.

Abraham Sermeño

15. ÁGATA

El ágata es una variedad de la calcedonia. Pertenece al sistema de cristalización trigonal, es de procedencia volcánica y debe su color por las múltiples inclusiones que se han depositado durante el crecimiento de ésta. Tienen el poder de armonizar el ying y el yang, fuerzas positivas y negativas, además de calmar y aliviar. Emocionalmente te ayuda a superar la negatividad y la amargura del corazón, sana la ira interna y fomenta el amor y el coraje.

AGATE

Agate is a variety of chalcedony. It belongs to the trigonal crystallization system, it is of volcanic origin and owes its color to the multiple inclusions that have been deposited during its growth. They have the power to harmonize "ying and yang", positive and negative forces, as well as calm and alleviate. Emotionally helps you overcome the negativity and bitterness of the heart, heals inner anger and fosters love and courage.

16. MALAQUITA

La malaquita es un mineral secundario de cobre que se encuentra generalmente en depósitos oxidados de Cu. Pertenece al sistema monoclínico y al grupo de los carbonatos. La malaquita limpia y activa los chacras. Puesta sobre el tercer ojo activa la visualización y la visión psíquica y, puesta sobre el corazón, aporta equilibrio y armonía.

MALACHITE

Malachite is a secondary copper ore that is usually found in oxidized "Cu" deposits. It belongs to the monoclinic system and to the carbonate group. Malachite cleans and activates the chakras. Placement in the third eye activates the visualization and the psychic vision, placed in the heart, brings balance and harmony.

Abraham Sermeño

LAPISLAZULI

17. LAPISLAZULI

El lapislázuli es realmente una mezcla entre lazulita, calcita y pirita. Pertenece al sistema isométrico y está clasificada dentro del grupo de los silicatos. Es una piedra protectora que contacta con los espíritus guardianes. Reconoce el ataque, bloqueando y devolviéndole a su origen. Armoniza los niveles físico, emocional, mental y espiritual, aportando un profundo conocimiento interno cuando están equilibrados.

LAPISLAZULI

Lapis lazuli is actually a mixture of lazulite, calcite and pyrite. It belongs to the isometric system and is classified within the group of silicates. It is a protective stone that contacts the guardian spirits. It recognizes the attack, blocking it and returning it to its origin. It harmonizes the physical, emotional, mental and spiritual levels, providing in-depth inner knowledge when balanced.

18. LABRADORITA

La labradorita es una variedad de Anortita, miembro intermedio de la serie albita-anortita. Pertenece al sistema triclínico y está clasificado en el grupo de los silicatos. Fortalece la fe en el yo y la confianza en el universo. Calma la mente hiperactiva y energiza la imaginación, aporta también contemplación e introspección.

LABRADORITE

The labradorite is a variety of Anortita, intermediate member of the series albita-anortita. It belongs to the triclinic system and is classified in the group of silicates. It strengthens faith in self and trust in the universe. It calms the hyperactive mind and energizes the imagination, it also brings contemplation and introspection.

Abraham Sermeño

19. CALCEDONIA

La calcedonia es de procedencia volcánica y debe su color por las múltiples inclusiones que se han depositado durante el crecimiento de ésta. La calcedonia posee múltiples variedades y colores, siendo las más típicas toda clase de ágatas y jaspes. Armoniza la mente, el cuerpo, las emociones y el espíritu. Dando sentimientos de benevolencia y generosidad disipa la hostilidad y transforma la melancolía en alegría.

CHALCEDONY

Chalcedony is of volcanic origin and owes its color to the multiple inclusions that have been deposited during its growth. Chalcedony has multiple varieties and colors, being the most typical all type of agates and jaspes. Harmonizes the mind, body, emotions and spirit. Giving feelings of benevolence and generosity dissipates hostility and transforms melancholy into joy.

20. MADERA FÓSIL

La Madera Petrificada es una piedra útil para hacer grounding y estabilizar nuestras emociones. Particularmente útil para calmar miedos basados en la sobrevivencia, asistiéndonos en el acceso al lado práctico de las respuestas, y entonces ofreciendo una sensación de seguridad. La Madera Petrificada ha soportado los estragos de los cambios del tiempo para volverse más fuerte, así que si se lo pedimos nos puede aportar esa ayuda en el rol del liderato.

WOOD FOSSIL

Petrified wood is a useful stone to grind and stabilize our emotions. Particularly useful for calming survival-based fears, helping us access the practical side of responses and providing a sense of security. Petrified Wood has endured the ravages of time changes to be stronger, so if we ask that we can provide that help in the leadership role.

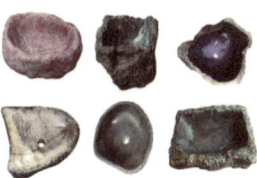

Abraham Sermeño

21. JASPE

JASPE

El Jaspe es una variedad de cuarzo, o, mejor dicho, calcedonia, microcristalino, más denso. Pertenece al grupo de los óxidos, con fórmula $SiO2$. El jaspe es de procedencia volcánica y debe su color por las múltiples inclusiones que se han depositado durante el crecimiento de ésta. Mentalmente te ayuda a pensar con rapidez, potencia la capacidad de organización y permite completar los proyectos.

JASPER

Jasper is a variety of quartz or rather chalcedony, microcrystalline, more dense. It belongs to the group of oxides, with $SiO2$ formula. The jasper is of volcanic origin and owes its color to the multiple inclusions that have been deposited during its growth. Mentally it helps you to think quickly, it strengthens the capacity of organization and allows to complete the projects.

22. RODONITA

RODONITA

Pertenece al sistema de cristalización triclínico y clasificado dentro del grupo de los silicatos. Suele tener como asociados a minerales negros del manganeso y pirita, y a veces también con calcita, microclina y piromanganita. Estimula, aclara y activa el corazón y el chacra corazón, asentando la energía y equilibrando el yin con el yang, alcanzando así el más alto potencial.

RHODONITE

It belongs to the triclinic crystallization system and classified within the group of silicates. Usually associated with black minerals of manganese and pyrite, and sometimes also with calcite, microcline and pyromanganite. It stimulates, clears and activates the heart and the heart chakra, setting energy and balancing the yin with the yang, thus reaching the highest potential.

Abraham Sermeño

23. CUARZO RUTILADO

El Cuarzo Rutilado pertenece al grupo de los óxidos, con fórmula SiO2. Pertenece al sistema de cristalización trigonal y con una morfología muy característica: prisma hexagonal más pinacoide. El cuarzo es el mineral más abundante de la corteza terrestre, localizándolo en rocas ígneas, metamórficas y sedimentarias. Usado en meditación, el cuarzo filtra de las distracciones y, a nivel mental, favorece la concentración y activa la memoria.

RUTILATED QUARTZ

Rutilated Quartz belongs to the group of oxides, with formula SiO2. It belongs to the trigonal crystallization system with a very characteristic morphology: hexagonal prism plus pinacoid. Quartz is the most abundant mineral in the earth's crust, localizing it in igneous, metamorphic and sedimentary rocks. Used in meditation, quartz filters from distractions and, at the mental level, favors concentration and activates memory.

24. TAGUA

La tagua, también conocida como nuez de marfil o marfil vegetal, es la semilla de la palma Phytelephas macrocarpa, que crece en los bosques húmedos tropicales de la región del Pacífico, especialmente en Panamá, Colombia y Ecuador.

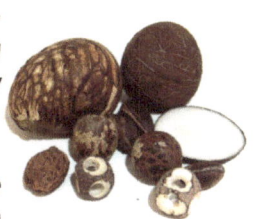

Tagua, also known as ivory nut or vegetable ivory, is the seed of the palm Phytelephas macrocarpa, which grows in the tropical moist forests of the Pacific region, especially in Panama, Colombia and Ecuador.

Abraham Sermeño

CRISTALERÍA & JOYERÍA "CANDIL" DISEÑO, CREATIVIDAD E INNOVACIÓN

CATÁLOGO / CATALOGUE 2017-2018

"Llevando los tesoros de la Tierra a la humanidad"
"Bringing the Earth's treasures to humanity"

"Mira profundamente en la naturaleza, y entonces entenderás todo mejor"
—Albert Einstein

"Look deep into nature, and then you will understand everything better"
—Albert Einstein

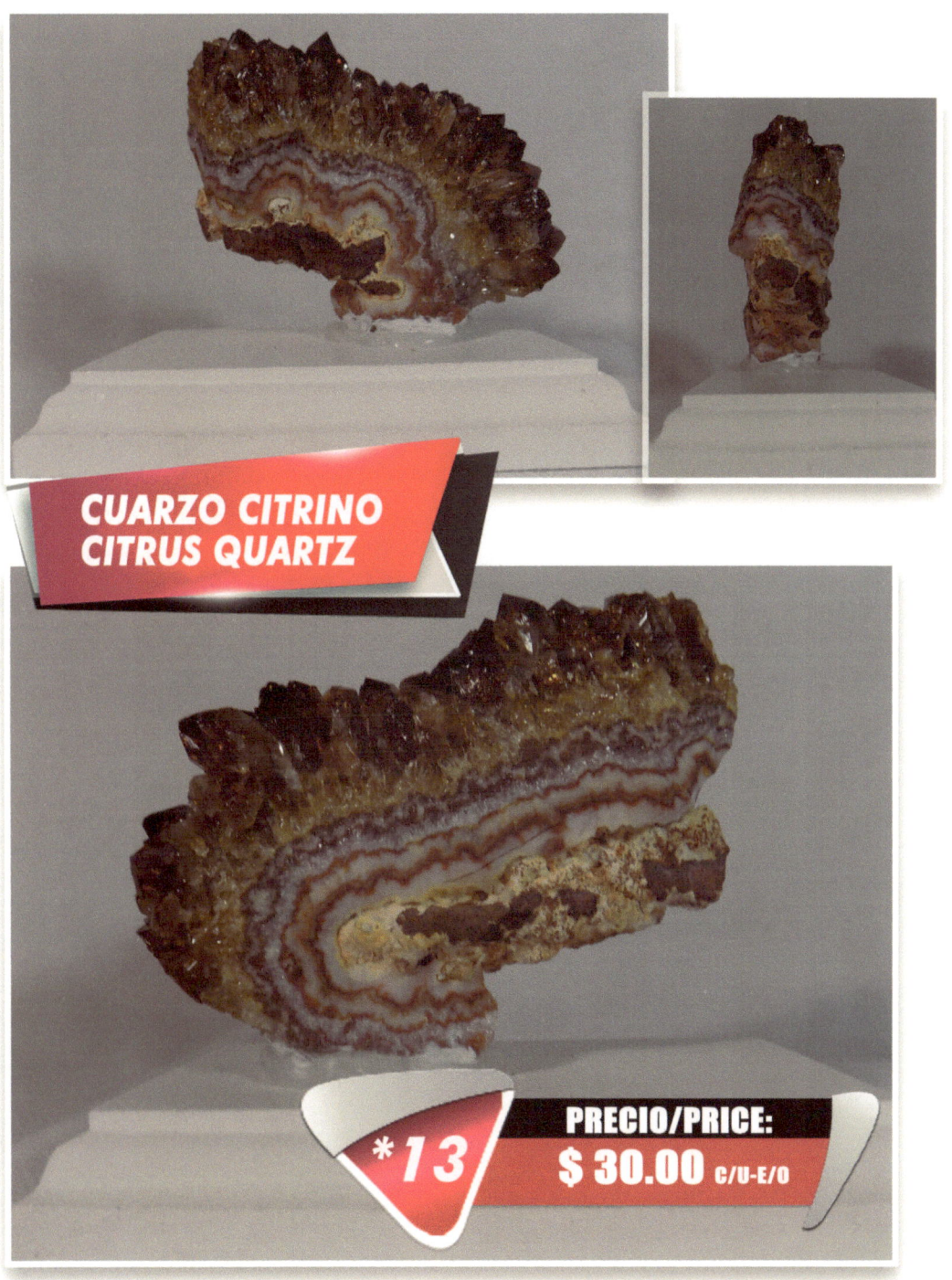

*13 Cuarzo Citrino corresponde a la descripción de la pagina de inicio. / *13 Citrine Quartz corresponds to the description of the home page.

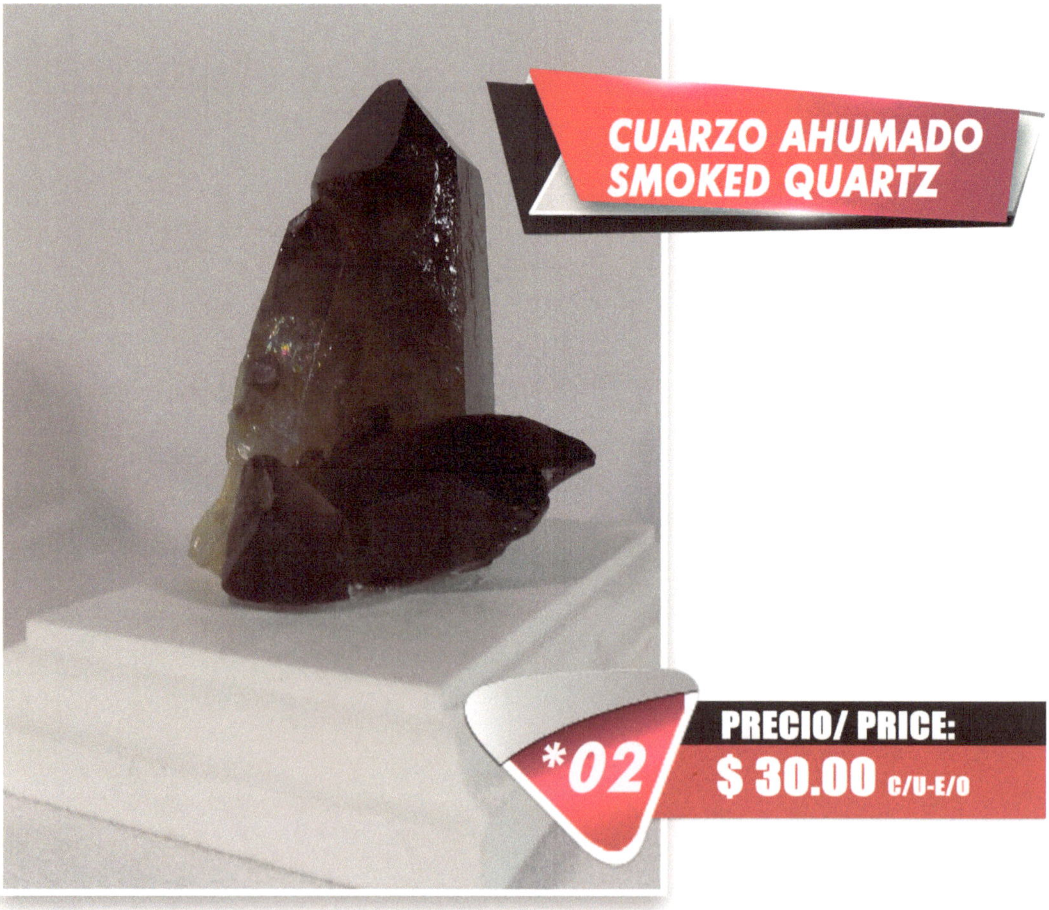

CRISTALERÍA & JOYERÍA "CANDIL" DISEÑO, CREATIVIDAD E INNOVACIÓN

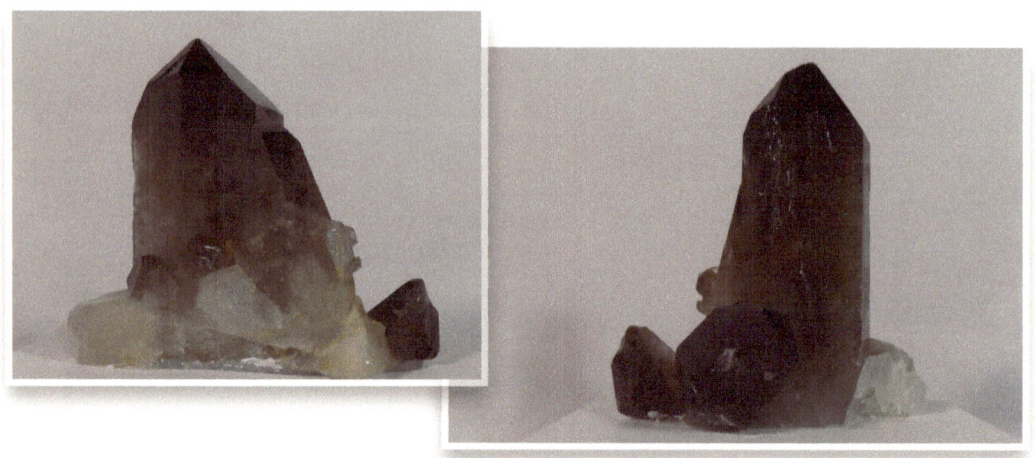

CUARZO AHUMADO / SMOKED QUARTZ

*02 — PRECIO/ PRICE: $ 30.00 C/U-E/O

*02 Cuarzo Ahumado corresponde a la descripción de la pagina de inicio. / * 02 Crystal Smoked corresponds to the description of the home page.

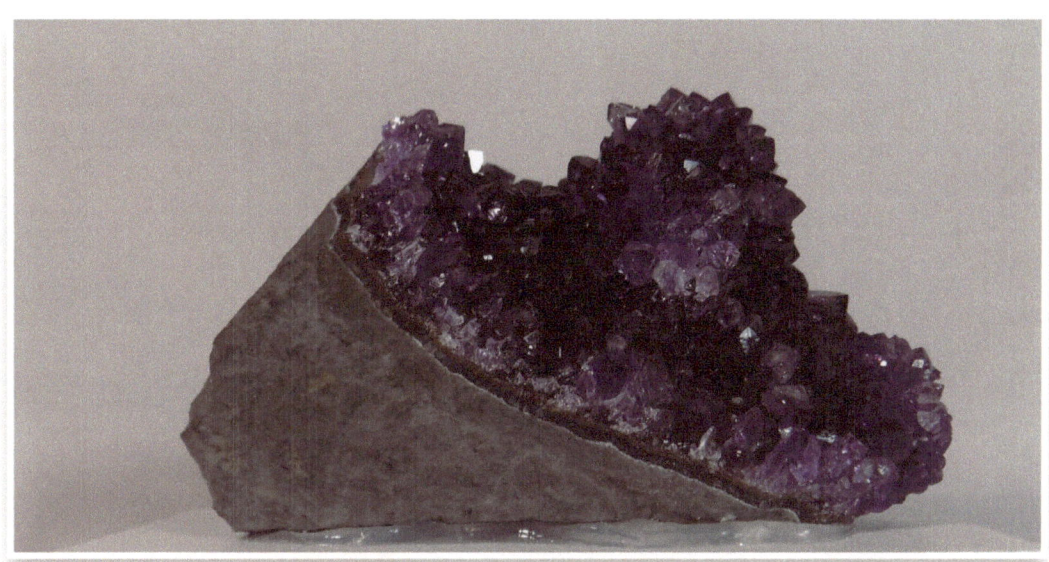

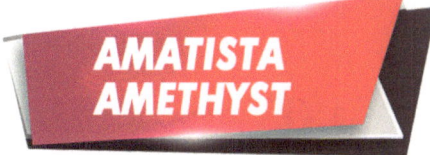 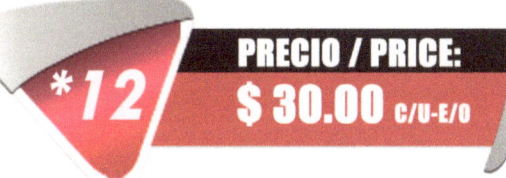

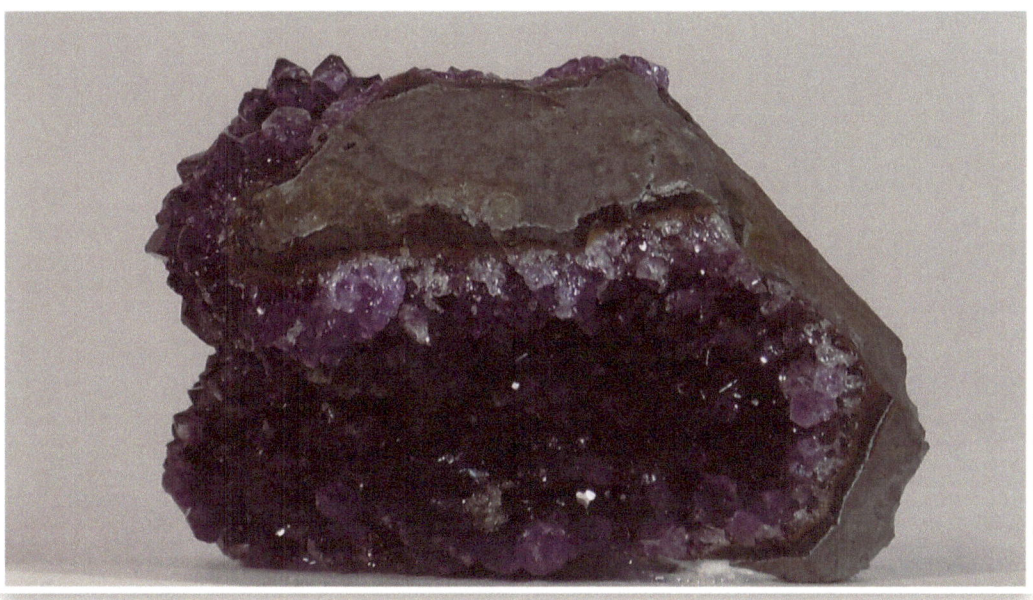

*12 Amatista corresponde a la descripción de la pagina de inicio. / *12 Amethyst corresponds to the description of the home page.

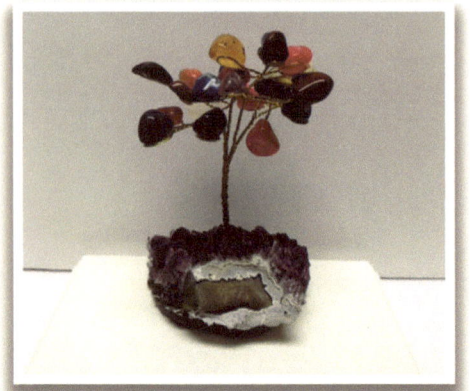
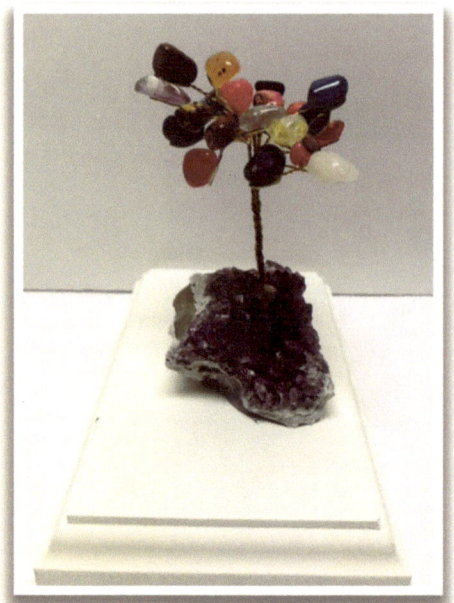
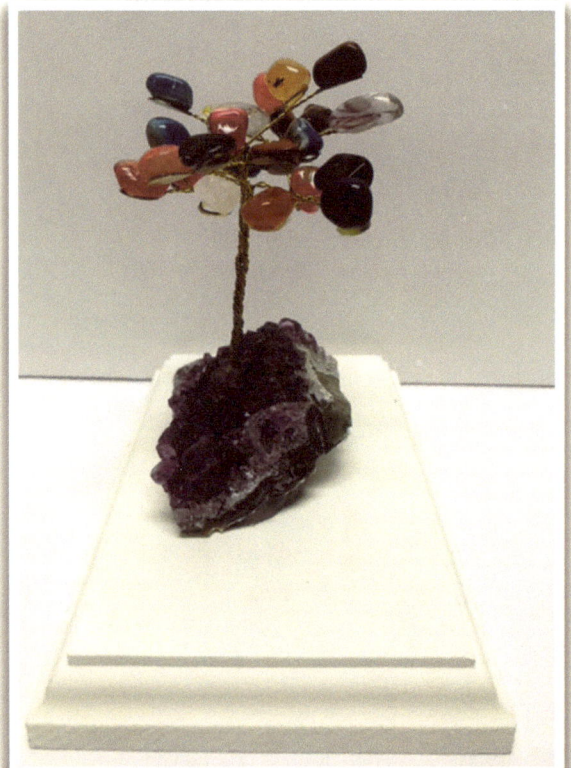
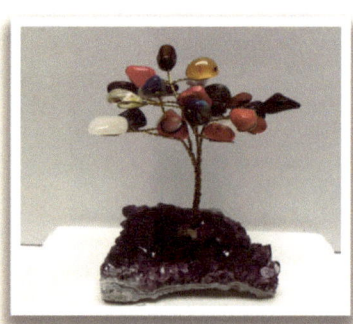

ÁRBOL DE VARIEDAD DE CUARZOS CON BASE DE AMATISTA
TREE VARIETY OF QUARTZ BASE AMETHYST

**13

PRECIO/PRICE: $ 30.00 C/U - E/O

**13 Variedad de cuarzos y base de amatista corresponde a la descripción de la pagina de inicio. / ** 13 Variety of quartz and amethyst base corresponds to the home page.

*01 *13 Ojo de tigre Amatista corresponde a la descripción de la pagina de inicio. / * 01 * 13 Amethyst Tiger Eye corresponds to the description of the home page.

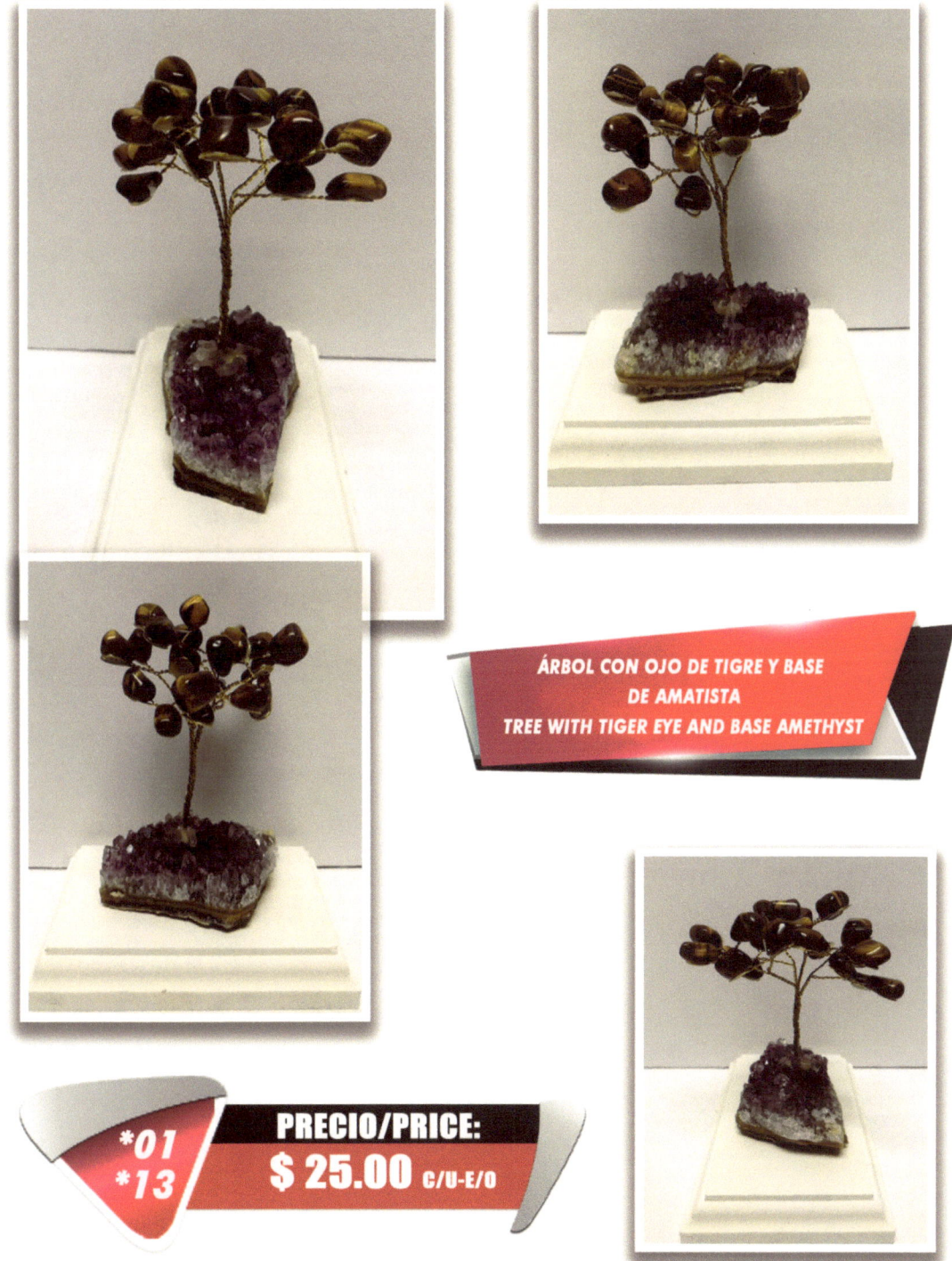

*01 *13 Ojo de tigre Amatista corresponde a la descripción de la pagina de inicio. / *01 *13 Amethyst Tiger Eye corresponds to the description of the home page.

OJO DE TIGRE
TIGER'S EYE

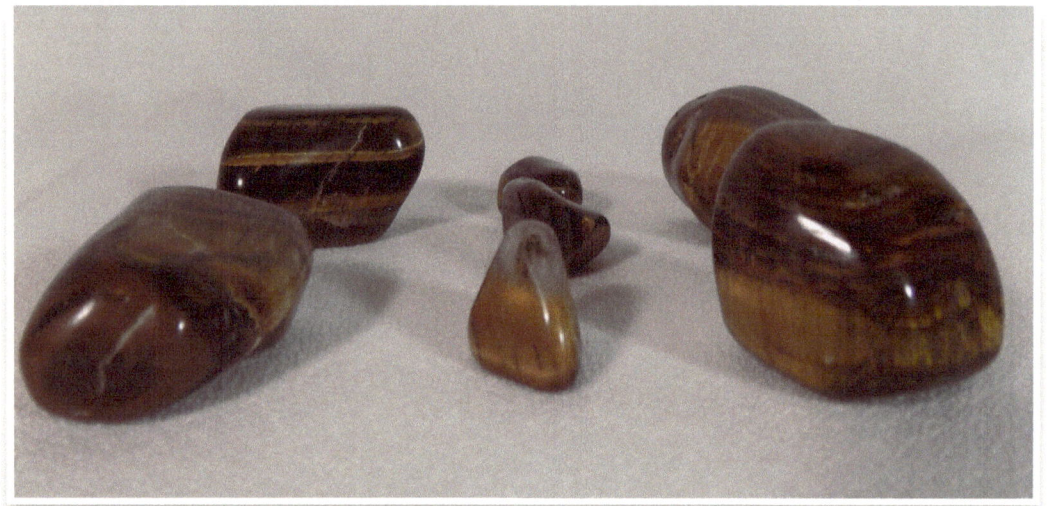

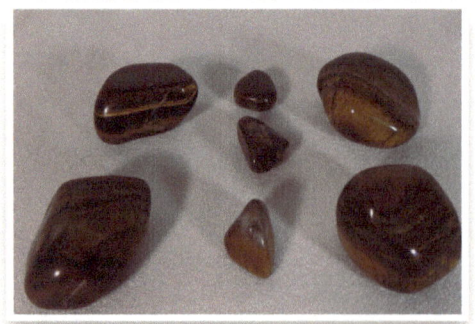

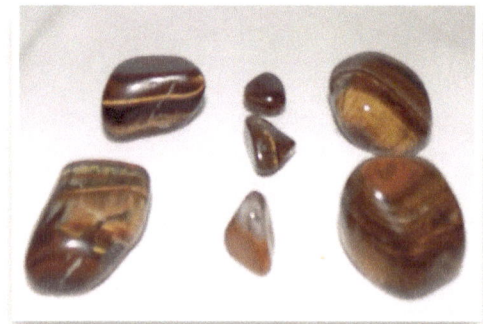

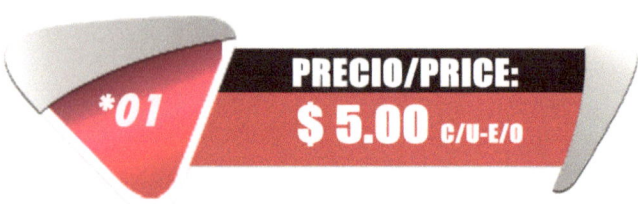

PRECIO/PRICE: $ 5.00 C/U-E/O *01

*01 Ojo de tigre corresponde a la descripción de la pagina de inicio. / * 01 Tiger's eye corresponds to the description of the home page.

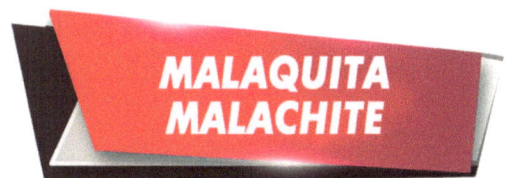

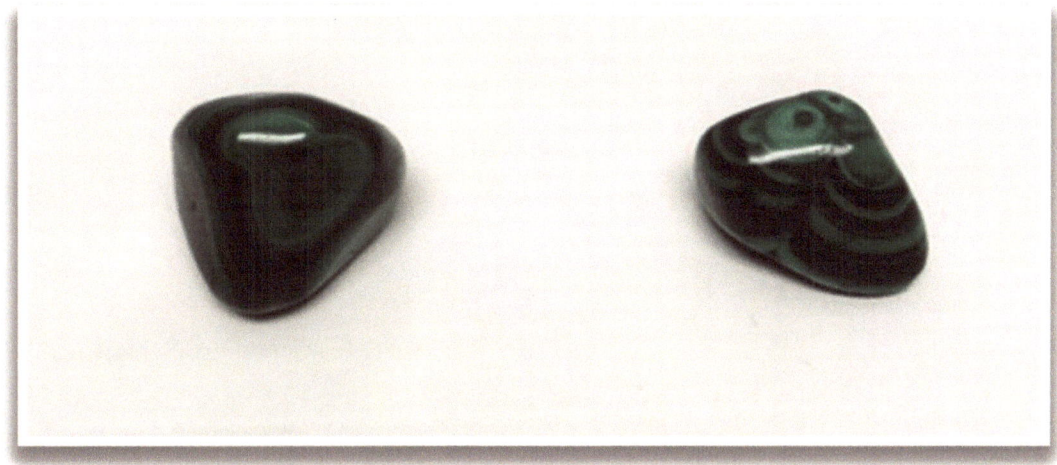

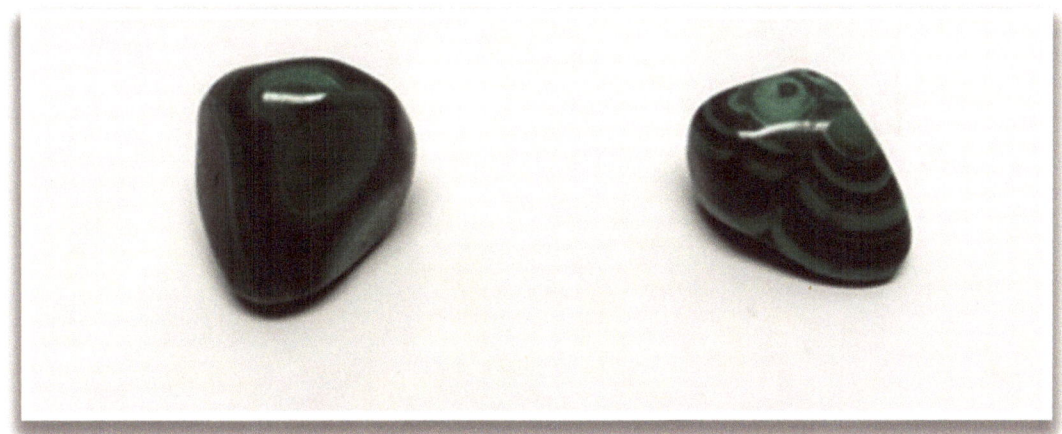

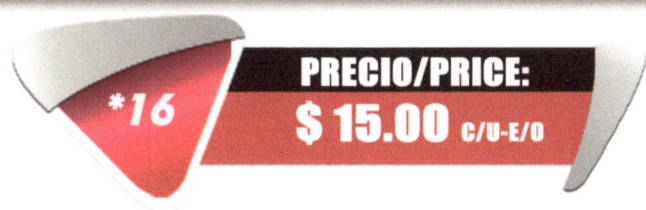

*16 Malauita corresponde a la descripción de la pagina de inicio. / * 16 Malachite corresponds to the description of the home page.

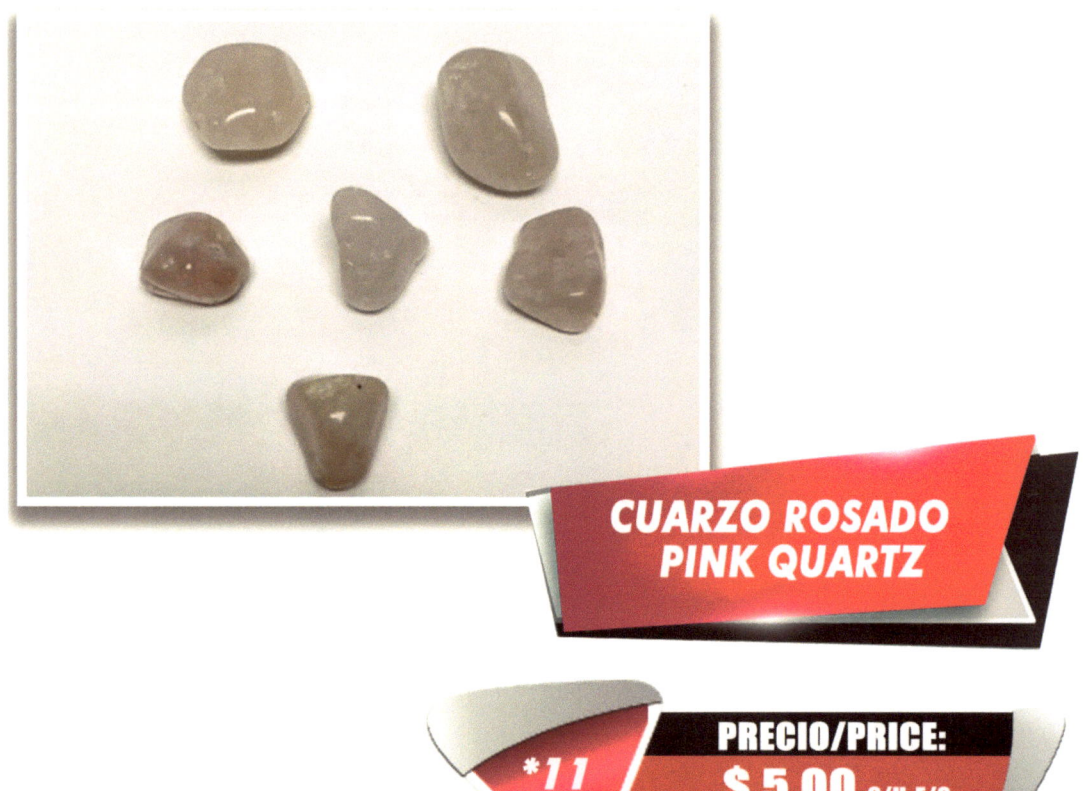

CUARZO ROSADO / PINK QUARTZ

*11 — PRECIO/PRICE: $ 5.00 C/U-E/O

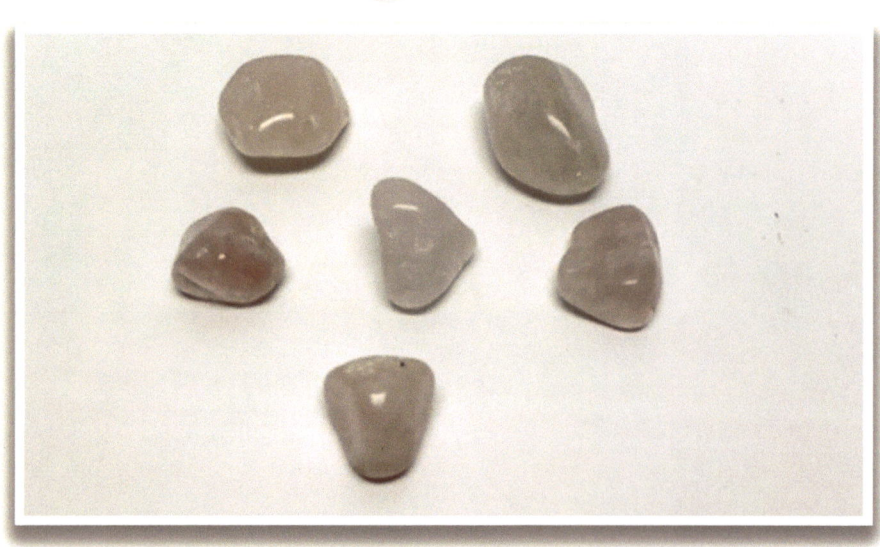

*11 Cuarzo rosado corresponde a la descripción de la pagina de inicio. / * 11 Pink quartz corresponds to the description of the home page.

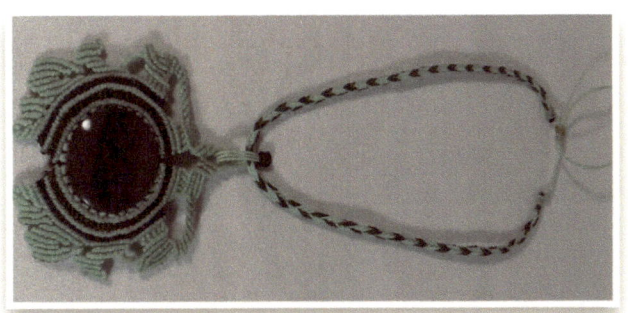

COLLAR DE OBSIDIANA, TELA DE ARAÑA

*09 — PRECIO/PRICE: $ 50.00 C/U-E/O

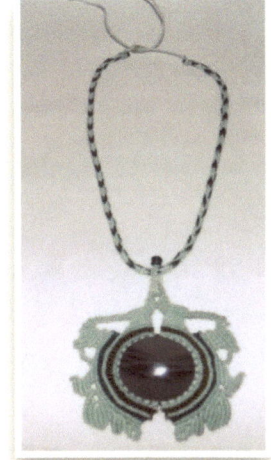

OBSIDIAN NECKLACE, SPIDER SCREEN

*09 Obsidiana corresponde a la descripción de la pagina de inicio. / *09 Obsidian corresponds to the description of the home page.

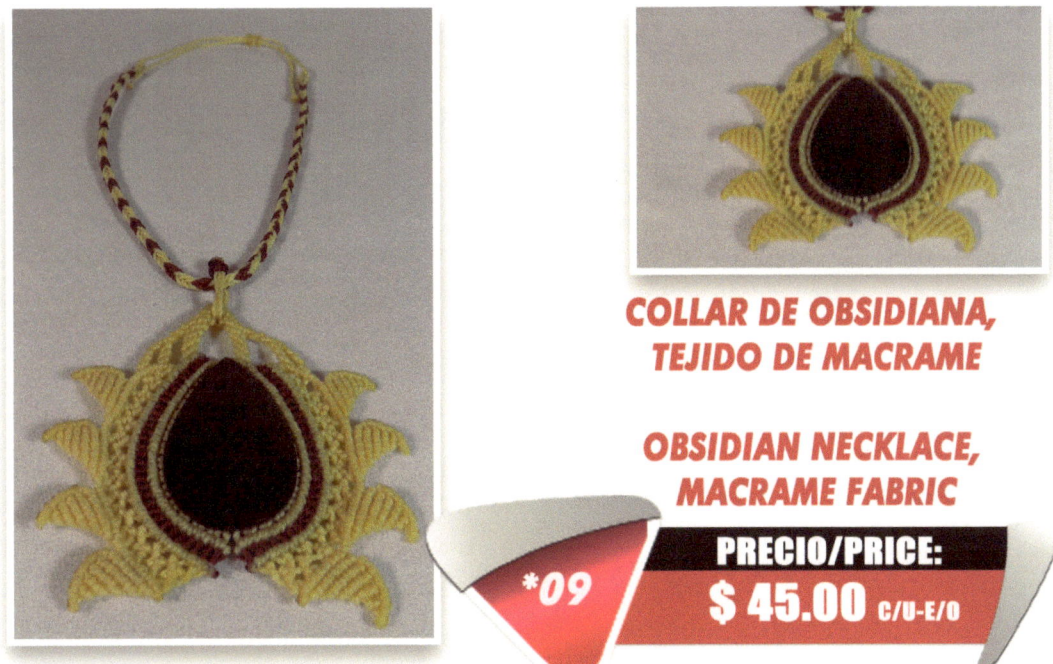

COLLAR DE OBSIDIANA, TEJIDO DE MACRAME

OBSIDIAN NECKLACE, MACRAME FABRIC

*09 — PRECIO/PRICE: $ 45.00 C/U-E/O

*09 Obsidiana corresponde a la descripción de la pagina de inicio. / *09 Obsidian corresponds to the description of the home page.

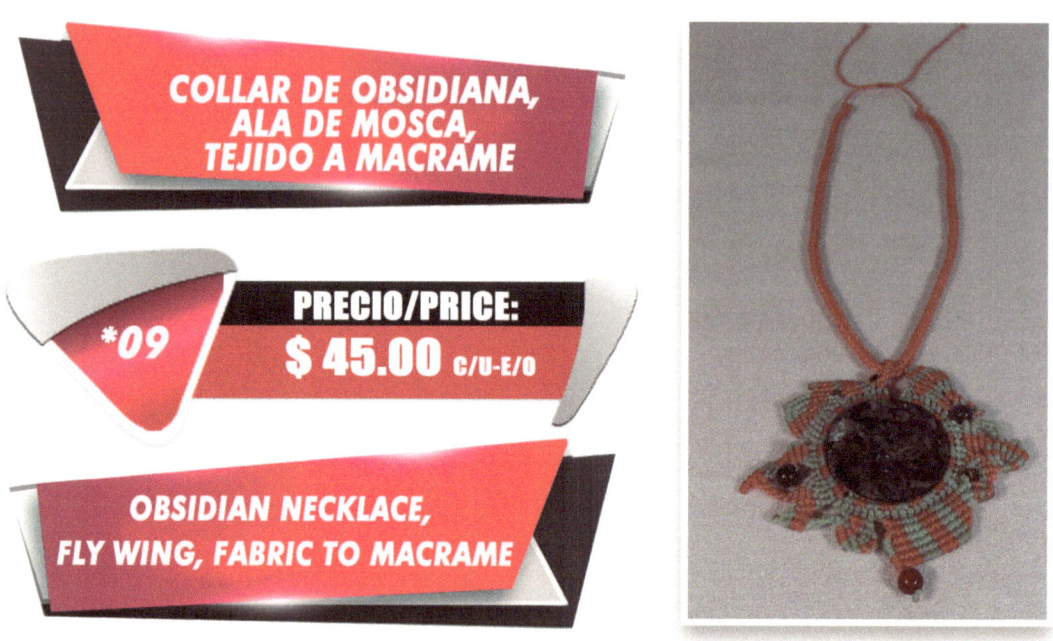

*09 Obsidiana corresponde a la descripción de la pagina de inicio. / * 09 Obsidian corresponds to the description of the home page.

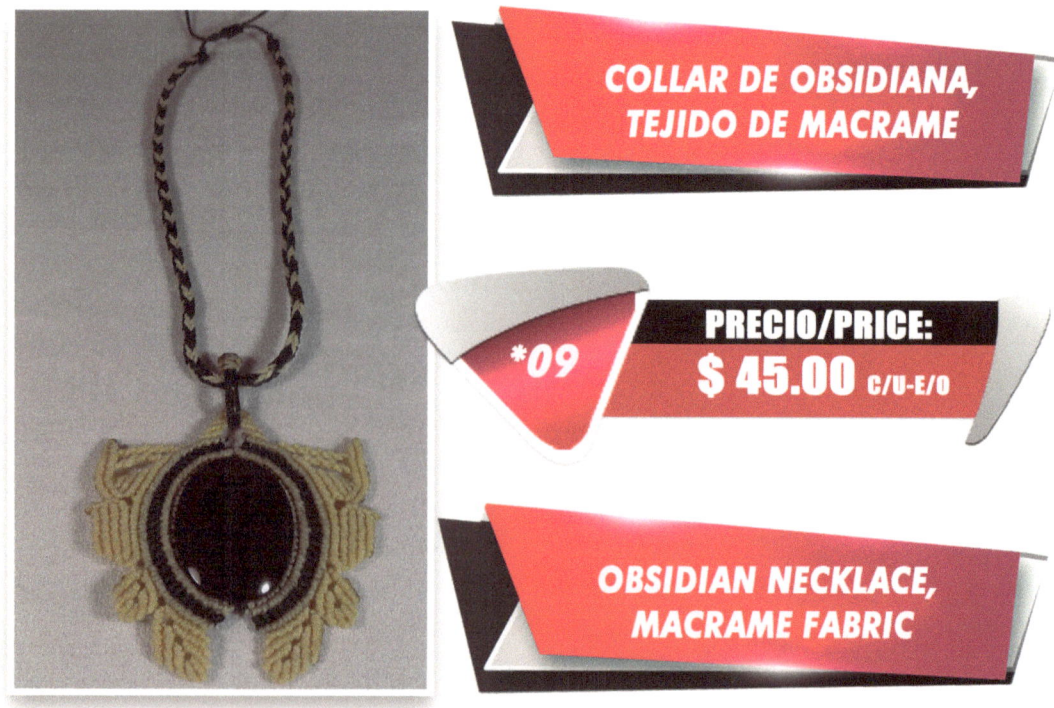

*09 Obsidiana corresponde a la descripción de la pagina de inicio. / * 09 Obsidian corresponds to the description of the home page.

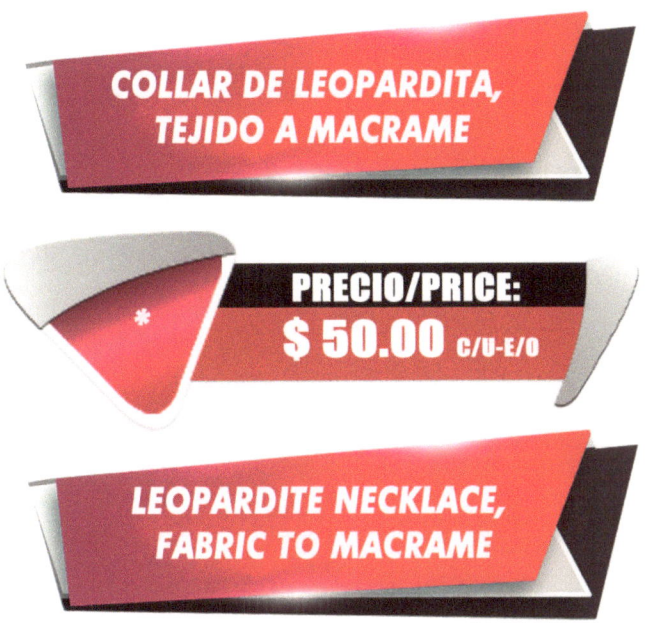
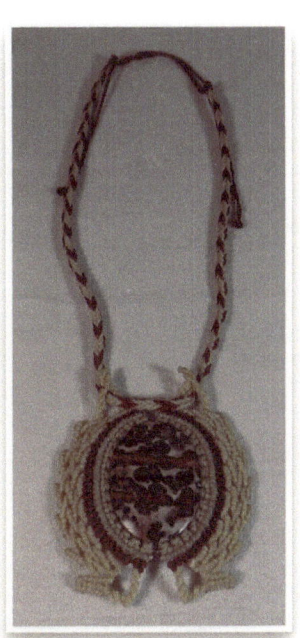

COLLAR DE LEOPARDITA, TEJIDO A MACRAME

PRECIO/PRICE: $ 50.00 C/U-E/O

LEOPARDITE NECKLACE, FABRIC TO MACRAME

* *Leopardita corresponde a la descripción de la pagina de inicio.* / * *Leopardita corresponds to the description of the home page.*

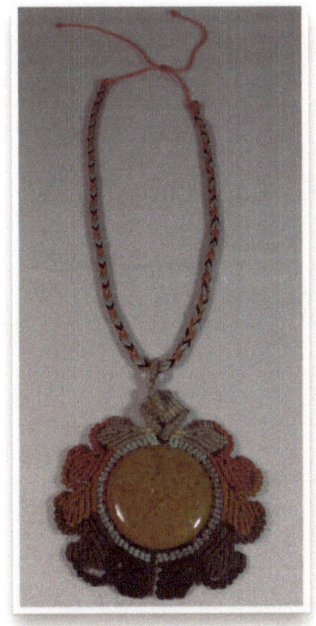
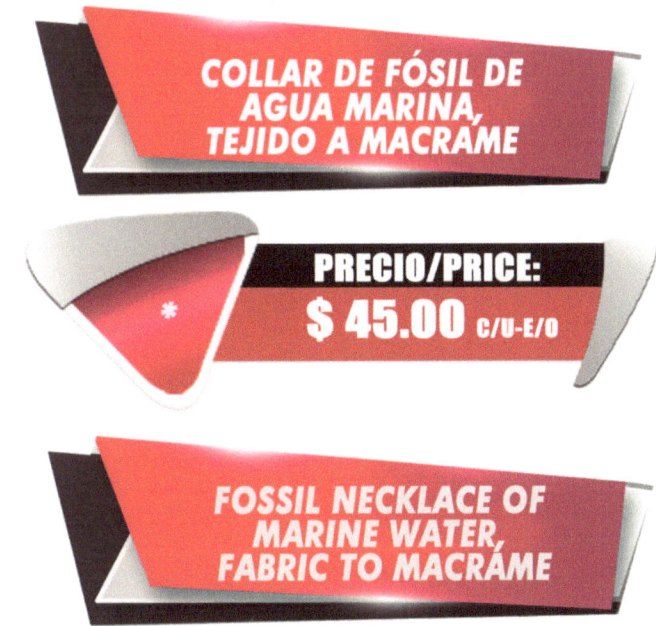

COLLAR DE FÓSIL DE AGUA MARINA, TEJIDO A MACRAME

PRECIO/PRICE: $ 45.00 C/U-E/O

FOSSIL NECKLACE OF MARINE WATER, FABRIC TO MACRÁME

* *Fósil de agua marina corresponde a la descripción de la pagina de inicio.* / * *Fossil of marine water corresponds to the description of the home page.*

CRISTALERÍA & JOYERÍA "CANDIL" DISEÑO, CREATIVIDAD E INNOVACIÓN

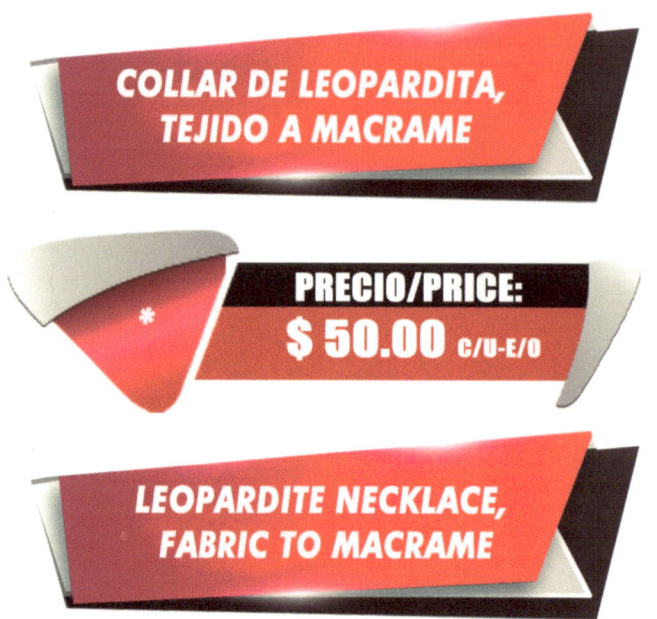

COLLAR DE LEOPARDITA, TEJIDO A MACRAME

* **PRECIO/PRICE: $ 50.00** C/U-E/O

LEOPARDITE NECKLACE, FABRIC TO MACRAME

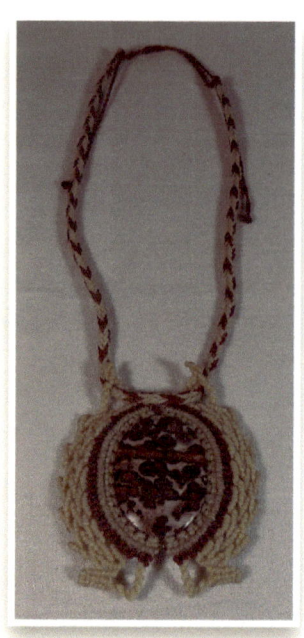

* *Leopardita corresponde a la descripción de la pagina de inicio.* / * *Leopardita corresponds to the description of the home page.*

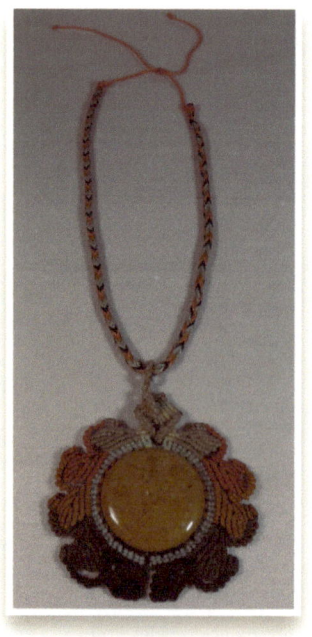

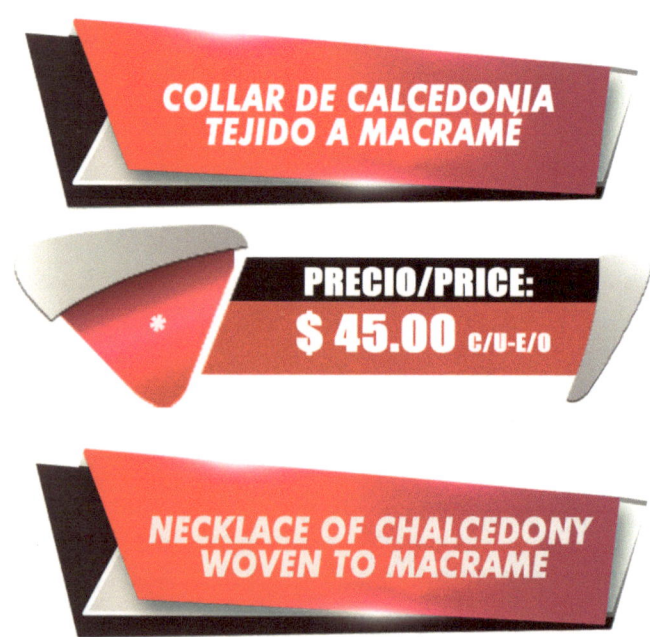

COLLAR DE CALCEDONIA TEJIDO A MACRAME

* **PRECIO/PRICE: $ 45.00** C/U-E/O

NECKLACE OF CHALCEDONY WOVEN TO MACRAME

* *Fósil de agua marina corresponde a la descripción de la pagina de inicio.* / * *Fossil of marine water corresponds to the description of the home page.*

BRAZALETE DE CUARZO LECHOSO, TEJIDO A MACRAME

*03

PRECIO/PRICE: $ 40.00 C/U-E/0

MILK QUARTZ BRACELET, FABRIC TO MACRAME

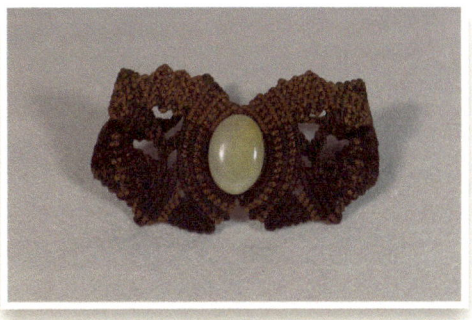

*03 Cuarzo lechoso corresponde a la descripción de la pagina de inicio. / * 03 Milky quartz corresponds to the description of the home page.

BRAZALETE DE FÓSIL LIMUNITA, TEJIDO A MACRAME

*

PRECIO/PRICE: $ 45.00 C/U-E/0

FOSSIL BRACELET LIMONITE, FABRIC TO MACRAME

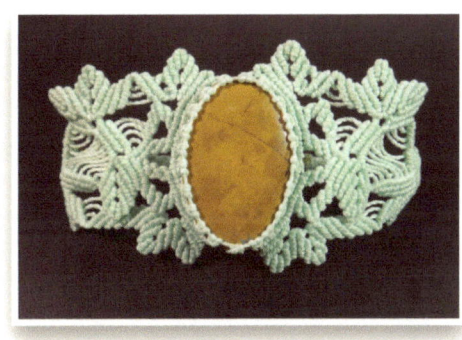

* Fósil limunita corresponde a la descripción de la pagina de inicio. / * Fossil limonite corresponds to the description of the home page.

BRAZALETE DE CUARZO LECHOSO, TEJIDO A MACRAME

*03

PRECIO/PRICE: $ 40.00 C/U-E/0

MILK QUARTZ BRACELET, FABRIC TO MACRAME

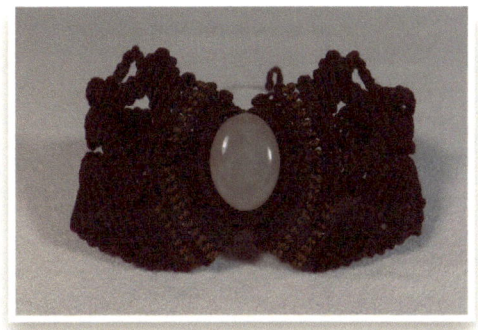

*03 Cuarzo lechoso corresponde a la descripción de la pagina de inicio. / * 03 Milky quartz corresponds to the description of the home page.

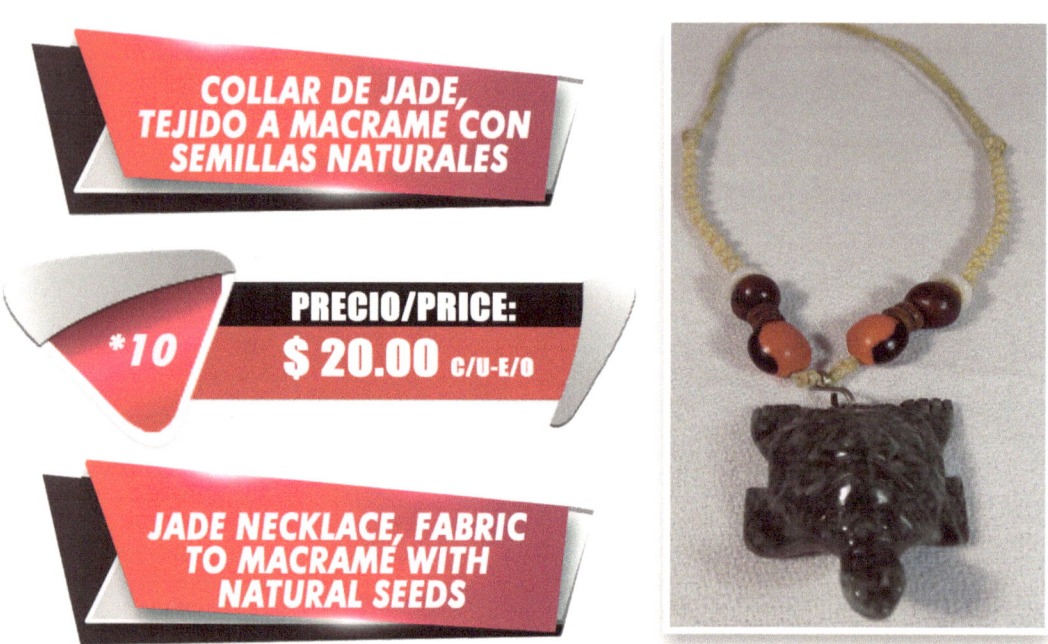

*10 Jade corresponde a la descripción de la pagina de inicio. / * 10 Jade corresponds to the description of the home page.

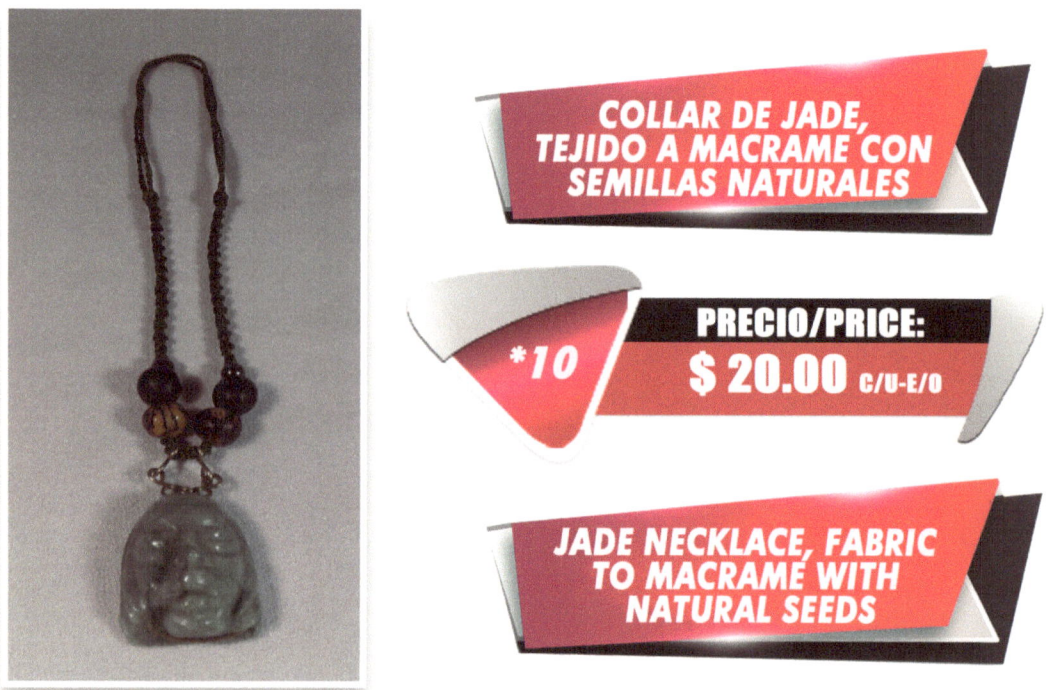

*10 Jade corresponde a la descripción de la pagina de inicio. / * 10 Jade corresponds to the description of the home page.

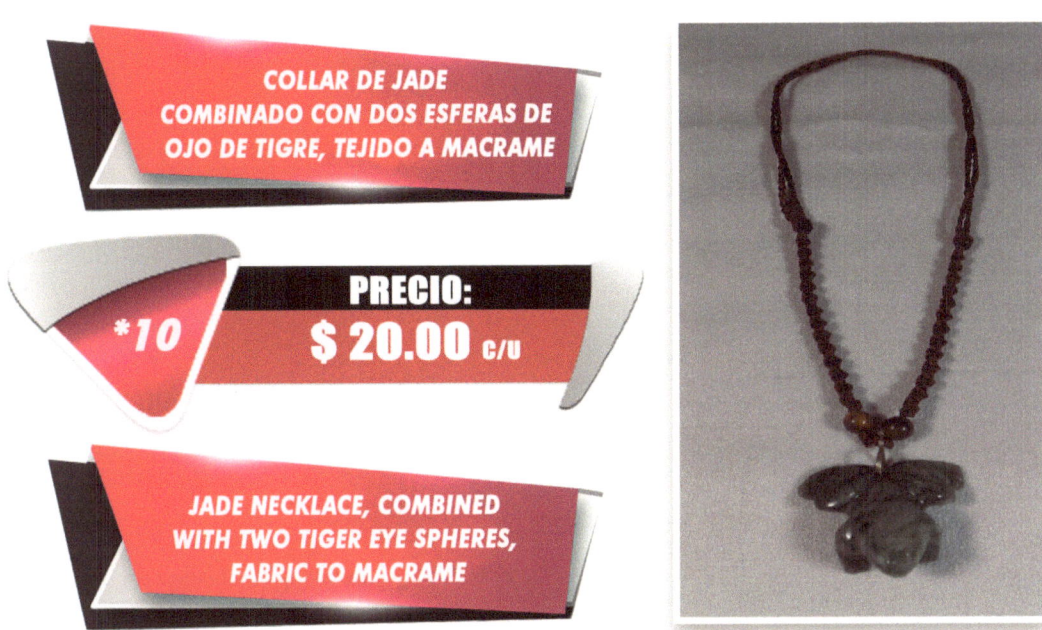

*10 Jade corresponde a la descripción de la pagina de inicio. / * 10 Jade corresponds to the description of the home page.

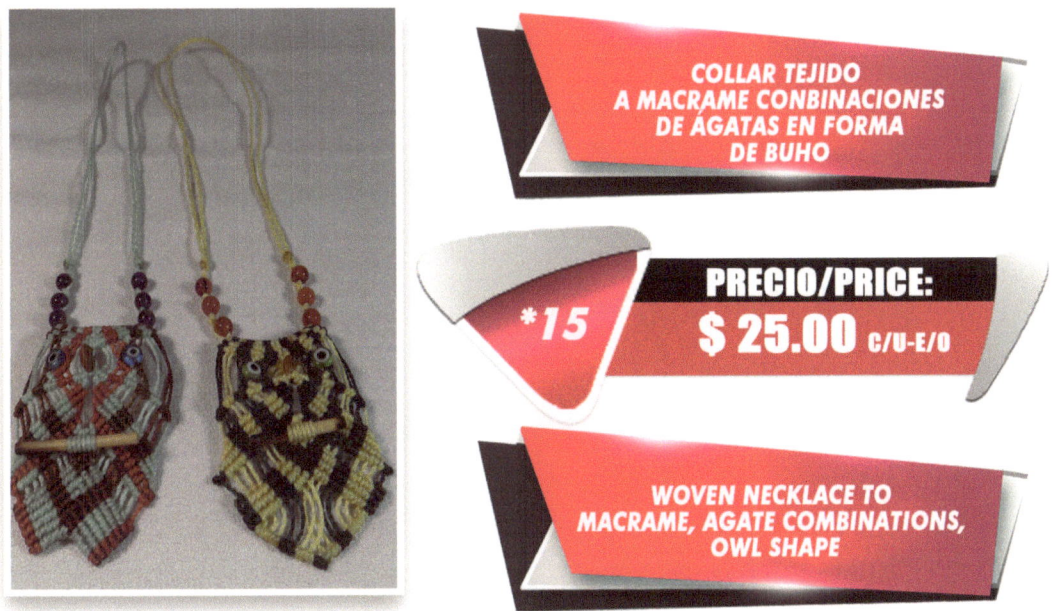

*15 Agatas corresponde a la descripción de la pagina de inicio. / * 15 Agates corresponds to the description of the home page.

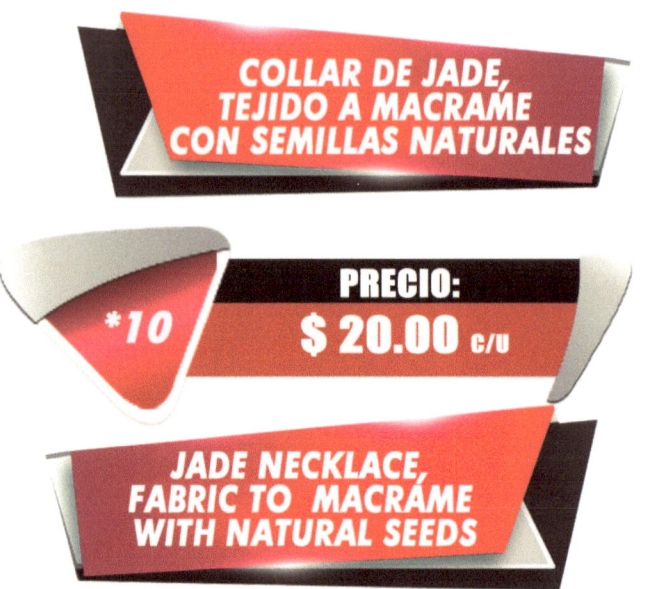
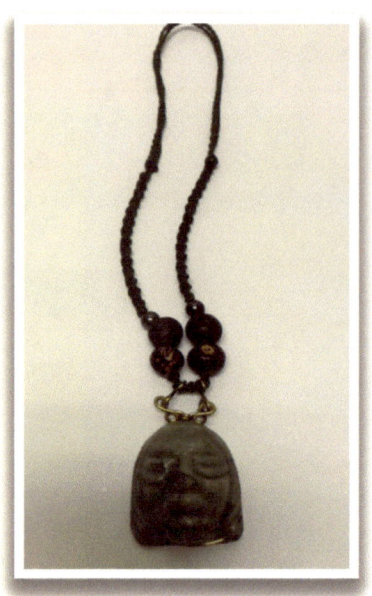

COLLAR DE JADE, TEJIDO A MACRAMÉ CON SEMILLAS NATURALES

*10 — PRECIO: $ 20.00 C/U

JADE NECKLACE, FABRIC TO MACRAMÉ WITH NATURAL SEEDS

*10 Jade corresponde a la descripción de la pagina de inicio. / * 10 Jade corresponds to the description of the home page.

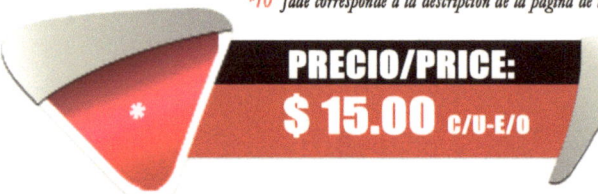

PRECIO/PRICE: $ 15.00 C/U-E/O

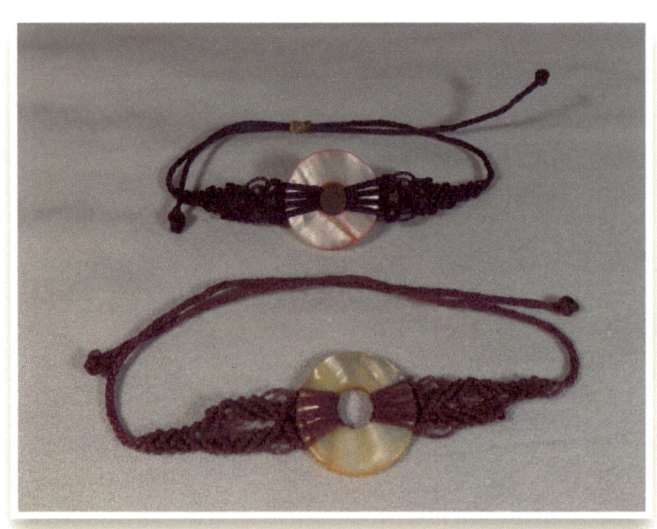

PULSERAS DE CORAL, TEJIDAS A MACRAME

CORAL BRACELETS, FABRICS TO MACRAME

* Coral corresponde a la descripción de la pagina de inicio. / * Coral corresponds to the description of the home page.

GLASSWARE AND JEWELRY "CANDIL" DESIGN CREATIVITY AND INNOVATION

*Tagua corresponde a la descripción de la pagina de inicio. / * Tagua corresponds to the description of the home page.*

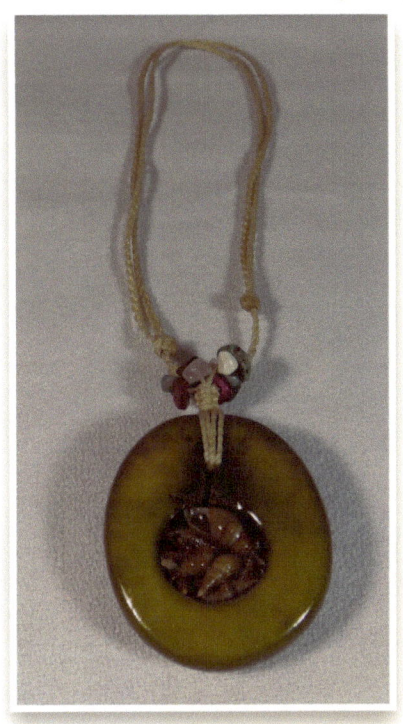

COLLAR DE SEMILLA DE TAGUA, TEJIDO A MACRAME

* **PRECIO: $ 20.00 c/u**

NECKLACE OF TAGUA SEED, TISSUE TO MACRAME

ANILLO DE FÓSIL ESTRELLA CON INCRUSTACIONES DE AMASTISTAS Y AGATAS

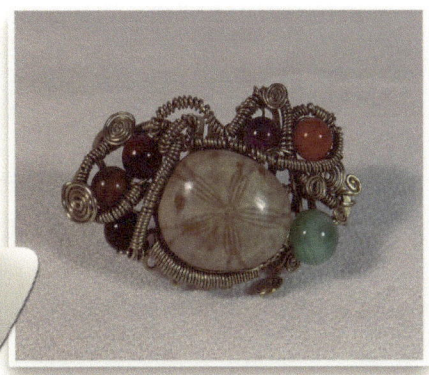

*12 *15 **PRECIO: $ 35.00 c/u**

STAR FOSSIL RING WITH AMASTISTIC AND AGATE INCRUSTATIONS

**12 *15 Amatista y agatas corresponde a la descripción de la pagina de inicio. / * 12 * 15 Amethyst and agates corresponds to the description of the home page.*

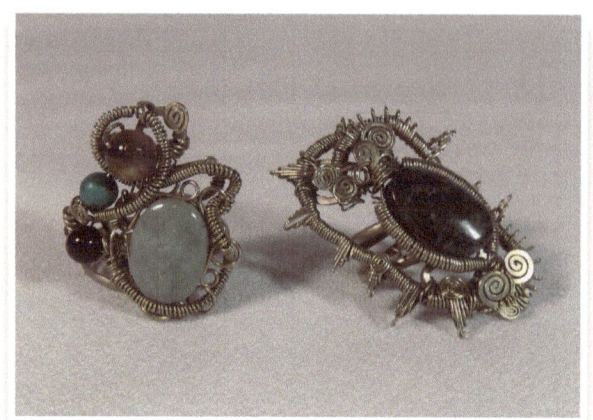
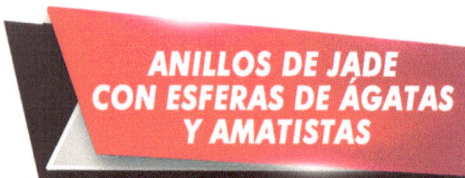

ANILLOS DE JADE CON ESFERAS DE ÁGATAS Y AMATISTAS

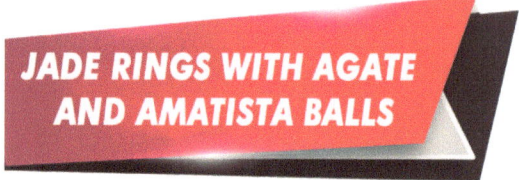
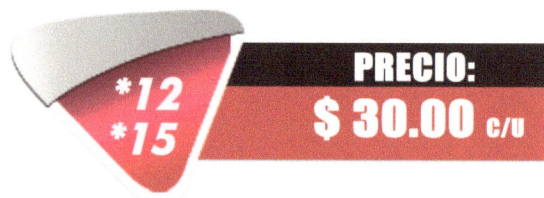

JADE RINGS WITH AGATE AND AMATISTA BALLS

*12 *15 PRECIO: $ 30.00 c/u

*12 *15 Amatistas y agatas corresponde a la descripción de la pagina de inicio. / *12 *15 Amethysts and agates corresponds to the description of the home page.

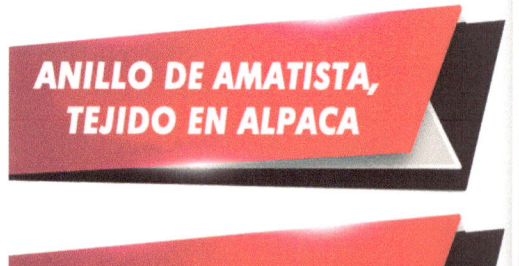
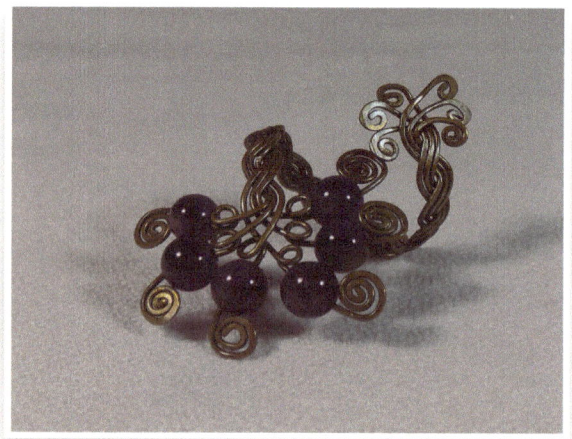

ANILLO DE AMATISTA, TEJIDO EN ALPACA

AMETHYST RING, ALPACA FABRIC

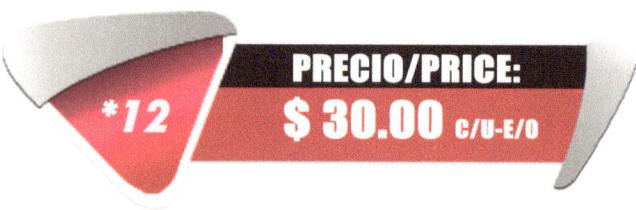

*12 PRECIO/PRICE: $ 30.00 c/u-E/O

*12 Amatistas corresponde a la descripción de la pagina de inicio. / *12 Amethysts corresponds to the description of the home page.

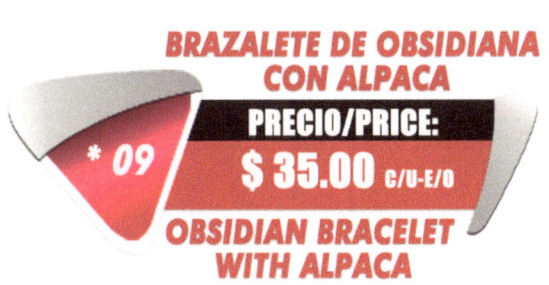
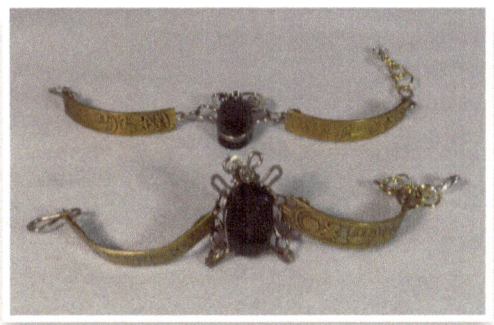

BRAZALETE DE OBSIDIANA CON ALPACA
PRECIO/PRICE: $ 35.00 C/U-E/O
OBSIDIAN BRACELET WITH ALPACA
*09

*09 Obsidiana corresponde a la descripción de la pagina de inicio. / *09 Obsidian corresponds to the description of the home page.

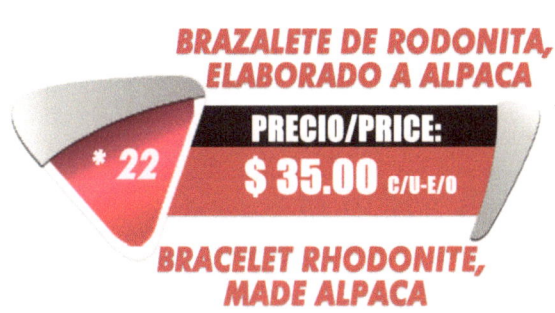
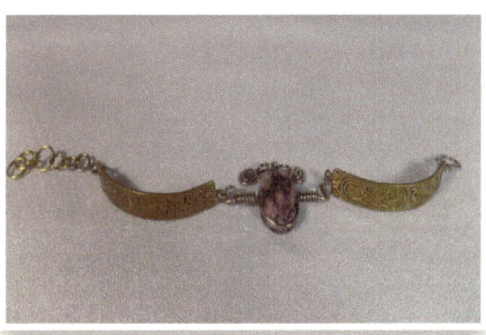

BRAZALETE DE RODONITA, ELABORADO A ALPACA
PRECIO/PRICE: $ 35.00 C/U-E/O
BRACELET RHODONITE, MADE ALPACA
*22

*22 Rodonita corresponde a la descripción de la pagina de inicio. / *22 Rhodonite corresponds to the description of the home page.

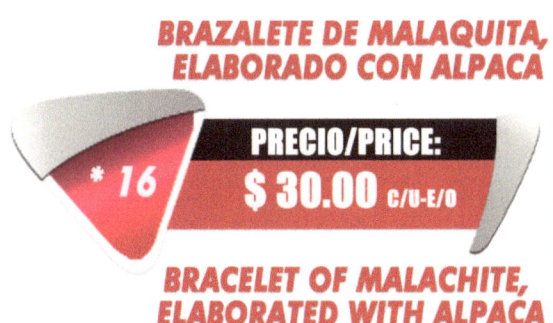
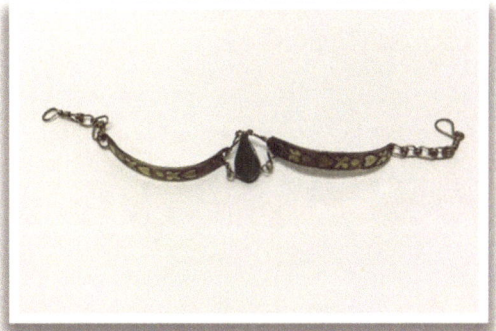

BRAZALETE DE MALAQUITA, ELABORADO CON ALPACA
PRECIO/PRICE: $ 30.00 C/U-E/O
BRACELET OF MALACHITE, ELABORATED WITH ALPACA
*16

*16 Malaquita corresponde a la descripción de la pagina de inicio. / *16 Malachite corresponds to the description of the home page.

ACERCA DE ABRAHAM SERMEÑO

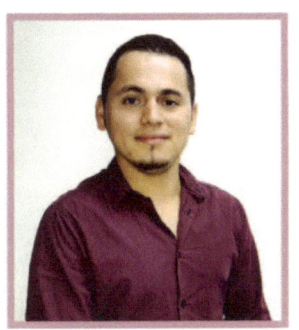 Abraham Sermeño nació el 2 de Febrero de 1989, en San Julián municipio de El Sonsonate, Departamento de El Salvador. Él es el segundo de seis hermanos que se crecieron con buenos principios y valores que les inculcaron sus padres. Su familia ha seguido por años el legado de sus ancestros prosiguiéndoles con actividades como la artesanía y la carpintería, es por eso que él se ha dedicado desde pequeño a estas bellas actividades.

En el año 2011 decide emigrar a los Estados Unidos siguiendo sus sueños, para darle un mejor porvenir a su familia.

Actualmente radica en Bergenfield, New Jersey con su amada familia, en donde se dedica a la elaboración y comercialización de piedras semipreciosas talladas y tejidas con diversos materiales naturales, con un toque mágico de artesanos de diferentes partes del mundo que cautivan a todo aquel que es amante de la naturaleza y de sus propiedades en forma de hermosas piedras.

Siguiendo la tradición de familia con su deseo incesante de superación Abraham se ha convertido en un empresario siendo un claro ejemplo de inspiración de muchas de personas que viajan a EE. UU. en busca de un futuro mejor.

Algunas de sus frases célebres que él nos comparte en su bella profesión son: "Disfrute de cada día de la mejor manera" y "La felicidad está dentro de cada ser humano".

Para saber más de Abraham y sus trabajos profesionales visite:

ventas@CristaleriayJoyeriaCandil.com

www.CristaleriayJoyeriaCandil.com

ABRAHAM SERMEÑO

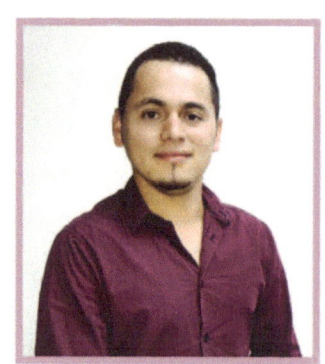

Abraham Sermeño was born on February 2, 1989, in San Julián municipality of El Sonsonate, Department of El Salvador. He is the second of six brothers who grew up with good principles and values instilled by their parents.

His family has followed for years the legacy of their ancestors continuing with activities such as craftsmanship and carpentry, that is why he has dedicated himself since childhood to these beautiful activities.

In 2011 he decides to emigrate to the United States following his dreams, to give his family a better future.

He is currently based in Bergenfield, New Jersey with his beloved family, where he is dedicated to the elaboration and commercialization of semi-precious stones carved and woven with diverse natural materials, with a magic touch of craftsmen of different parts of the world that captivates to all that is Lover of nature and its properties in the form of beautiful stones.

Following the family tradition with his incessant desire to overcome Abraham has become an entrepreneur being a clear example of inspiration for many people traveling to the USA. UU. In search of a better future.

Some of his famous phrases he shares in his beautiful profession are: "Enjoy every day in the best way" and "Happiness is within every human being."

To learn more about Abraham and his professional works visit:

ventas@CristaleriayJoyeriaCandil.com

www.CristaleriayJoyeriaCandil.com

CRISTALERÍA & JOYERÍA
CANDIL
DISEÑO, CREATIVIDAD E INNOVACIÓN

CRISTALERÍA & JOYERÍA "CANDIL" DISEÑO, CREATIVIDAD E INNOVACIÓN

CATÁLOGO / CATALOGUE
2017-2018

"Llevando los tesoros de la Tierra a la humanidad"

"Bringing the Earth's treasures to humanity"

"Mira profundamente en la naturaleza, y entonces entenderás todo mejor"
—Albert Einstein

"Look deep into nature, and then you will understand everything better"
—Albert Einstein

www.ingramcontent.com/pod-product-compliance
Lightning Source LLC
Chambersburg PA
CBHW040411220526
45473CB00004B/1198